Étienne Keroyant

LES 100 MOTS DE L'EURO

Que sais-je?

À lire également en
Que sais-je ?

COLLECTION FONDÉE PAR PAUL ANGOULVENT

Bertrand Jacquillat, *Les 100 mots de la finance*, n° 3736.
Christian de Boissieu, *Les 100 mots de la politique monétaire*, n° 3969.
Nathalie Deguen, Bruno Moschetto, *L'Organisation monétaire européenne*, n° 4149.
Étienne Keroyant, Florent Nicol, François Villeroy de Galhau, *La Banque de France*, n° 4272.
Nabli Béligh, *L'Union européenne*, n° 4284.

ISBN 978-2-7154-2499-9
ISSN 0768-0066

Dépôt légal – 1re édition : 2024, septembre

170 *bis*, boulevard du Montparnasse, 75014 Paris

Les 100 mots de l'euro

L'astérisque (*) signale que le terme ou l'expression qui précède fait l'objet d'une entrée à part entière.

La flèche (→) sert à renvoyer à d'autres entrées où l'on trouvera des informations complémentaires.

Préface de François Villeroy de Galhau

L'euro fête – déjà ! – ses vingt-cinq ans cette année. En effet, il est né en 1999, pour les opérations financières, avant d'être visible par le grand public le 1er janvier 2002, lorsque les premiers billets et pièces ont commencé à être utilisés.

L'euro est un projet collectif, mais pourtant par certains aspects, son parcours fait penser à la vie d'un « véritable » citoyen européen de chair et de sang : sa conception a été faite de compromis dans les années 1990, notamment entre ses deux principaux « parents » promoteurs, la France et l'Allemagne, sur fond de réunification allemande ; puis après ses premières années d'apprentissage entre 1999 et 2002, il est devenu visible lors de son utilisation par le grand public ; son enfance a été sereine avant la crise d'adolescence que fut la crise des dettes souveraines entre 2012 et 2014 puis le risque de déflation entre 2015 et 2021.

Aujourd'hui, malgré une poussée d'inflation – heureusement temporaire –, il est dans la force de l'âge, et n'a jamais été aussi bien portant. La confiance dans la monnaie unique est à son niveau le plus élevé sur l'ensemble du continent – 79 % selon la dernière enquête Eurobaromètre en 2023 –, et il a déjà amélioré la vie des 350 millions d'habitants de la zone euro, facilitant échanges, références communes et rapprochements entre les peuples.

Il fait face à de nombreux défis : assurer la souveraineté du continent, assumer son rôle international, et trouver sa place dans un monde plus numérique. Mais l'euro a su montrer dans le passé qu'il était plein de ressources, et je sais qu'il constituera un atout majeur pour les Européens dans les prochaines années : il continuera à nous aider à progresser vers plus de prospérité, pour tous.

Cet abécédaire parcourt 25 années d'histoire, et décrit le fonctionnement et le rôle de l'euro, avec quelques anecdotes qui le rendent justement si « vivant ». Ayant connu – contrairement au jeune auteur de ce livre – le franc et les disparités monétaires entre voisins européens, je suis convaincu que l'euro, autant qu'une opportunité, est une nécessité pour notre continent. S'il n'existait pas, il faudrait l'inventer.

Longue vie à l'euro !

€

AGRÉGAT

La quantité de monnaie* en circulation – la « masse monétaire », même si elle ne pèse parfois pas bien lourd – dans une économie est extrêmement importante, afin de maîtriser au mieux l'inflation*.

Elle est mesurée par des agrégats monétaires, classés par ordre de liquidité décroissante de M0 à M3. Il s'agit de sorte de « poupées gigognes », M1 étant contenu dans M2, lui-même contenu dans M3.

L'agrégat M0, un peu à part, est aussi appelé « base monétaire » (ou « monnaie centrale ») et représente 6 280 Mds € à fin 2022 sur le périmètre de la zone euro. Il regroupe ainsi la monnaie fiduciaire, composée des pièces et billets (1 545 Mds €), les réserves obligatoires et excédentaires des banques commerciales, placées dans les livres de la banque centrale (214 Mds €) et les facilités de dépôt (4 521 Mds €).

L'agrégat M1 correspond aux formes de monnaie les plus liquides : monnaie fiduciaire, ainsi que monnaie scripturale (la monnaie présente sur les comptes bancaires courants, pour 9 859 Mds € fin 2022) qui peut être utilisée immédiatement grâce à différents moyens de paiement (carte bancaire, chèque). M1 est égal à 11 404 Mds € à fin 2022.

M2 contient M1, auquel s'ajoutent les dépôts bancaires rémunérés, avec d'un côté l'épargne réglementée (livret A, livret de développement durable et solidaire – LDDS, compte d'épargne logement – CEL), et de l'autre les dépôts à terme, dès lors que leur durée est inférieure à deux ans. On considère que ces avoirs sont très facilement transférables sur un compte courant, donc utilisables presque immédiatement pour circuler dans l'économie. M2 s'élève à 15 336 Mds €.

M3 est l'agrégat le plus large, et désigne l'ensemble de la masse monétaire. En plus de M2, il compte les instruments financiers souscrits par des épargnants et investisseurs pour une durée inférieure à deux ans, tels que les titres d'organismes de placement collectif (OPC) monétaires ou les titres de créances. Au total, M3 représente 16 151 Mds €, qui est la masse monétaire totale de la monnaie unique.

La hausse des taux en 2022-2023 a incité les investisseurs à placer leurs dépôts sur des instruments moins liquides et plus rémunérateurs, et entrainé une réallocation de la masse monétaire de M1 vers M3.

Fig. 1. – **Base et masse monétaires de la zone euro en décembre 2022**

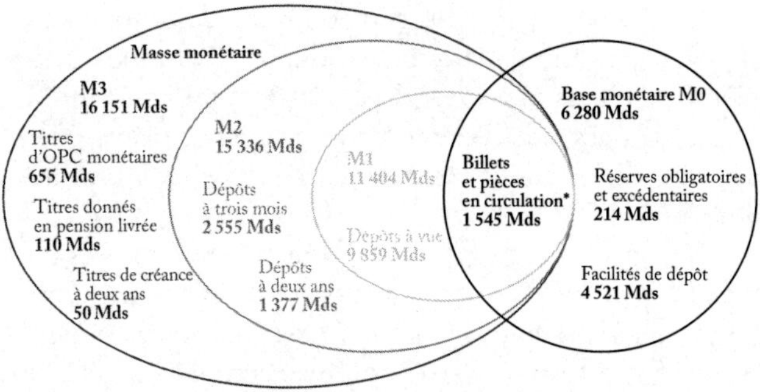

(Source : « Masse monétaire, agrégats monétaires et base monétaire », ABC de l'économie, Banque de France)

€

ANNIVERSAIRE

Né un 1er janvier, l'euro fête ses 25 ans en 2024. Il partage son anniversaire avec Pierre de Coubertin mais aussi et surtout avec… Christine Lagarde*, la présidente de la Banque centrale européenne.

L'euro « triche » un peu avec son âge, puisque nous avons souvent tendance à le célébrer deux fois. D'abord, pour la naissance de la monnaie unique dans sa version scripturale, le 1er janvier 1999 ; ensuite pour sa circulation sous forme fiduciaire* – les pièces et les billets – depuis le 1er janvier 2002. Les pays célèbrent aussi les anniversaires de leur adhésion à l'euro : Valdis Dombrovskis, vice-président exécutif de la Commission européenne, prononça ainsi début 2024 un discours à Riga pour célébrer les dix ans de l'adhésion à l'euro de la Lettonie, son pays d'origine.

L'euro peut parfois donner l'impression de faire plus que son âge – il est vrai qu'il a dû grandir vite, avec la crise* économique pour ses 10 ans, la crise des dettes souveraines pour ses 15 ans, et la menace de déflation (→ Inflation) pour ses 20 ans.

Il est tellement entré dans les mœurs aujourd'hui qu'il n'a jamais semblé aussi probable que ce quart de siècle ne soit que le premier d'une très longue série.

€

ARCHITECTURE

Premier art dans la classification de l'*Esthétique* hégélienne, l'architecture est éminemment liée à l'histoire européenne – « Jusqu'à Gutenberg, l'architecture est l'écriture principale, l'écriture universelle » note Victor Hugo dans

Notre-Dame de Paris –, et plus encore à celle de la monnaie unique.

Ainsi, chacune des sept dénominations de billets* correspond à une époque et à un style architectural. Chaque billet permet de retracer une période historique du continent et de célébrer notre patrimoine culturel commun.

On retrouve le style classique (du ve siècle av. J.-C. au IVe siècle apr. J.-C), avec une arche romaine et un aqueduc, rappelant la grandeur des civilisations antiques, pour le billet de 5 €. Le style roman (XIe-XIIe siècles), avec ses structures robustes, qui a irrigué l'ensemble du continent, notamment pour l'architecture religieuse, figure sur le billet de 10 €. Le style gothique (XIIe-XVIe siècles), avec ses arcs en ogive, ses détails et sa volonté de « faire entrer la lumière », se distingue sur la coupure de 20 €. L'architecture Renaissance (XVe-XVIe siècles), pleine de symétrie voire de « rythme », décore les billets de 50 €. Le baroque et le rococo (XVIIe-XVIIIe siècles), styles opulents et richement décorés, illustrent le billet de 100 €. L'architecture « industrielle » ou « verre et acier » (XIXe siècle), avec l'utilisation de nouveaux matériaux et de nouvelles techniques, représente le billet de 200 €. Enfin, pour le billet de 500 €, l'architecture dite « moderne » (XXe siècle) est mise en avant, avec des formes géométriques simples et des éléments linéaires.

Les éléments architecturaux présentés sur les billets présentent en outre une fonction symbolique : les arches ou portails symbolisent l'esprit d'ouverture et de coopération régnant sur le continent européen ; les ponts sont les liens qui permettent les échanges entre les cultures et les peuples, au sein de l'Europe, mais aussi entre le continent et le reste du monde.

Pour autant, afin d'éviter les conflits d'ego et de ne favoriser aucun État, les arches et ponts représentés étaient inventés de toutes « pièces », bien qu'inspirés de monuments existants : le verso du billet de 5 € ressemble ainsi fortement au pont du Gard. Certaines illustrations sont toutefois devenues bien réelles : la ville de Spijkenisse, aux Pays-Bas, a décidé de construire les sept ponts sur ses canaux en 2011.

€

ARGOT

Si la monnaie a toujours été un grand sujet pour la langue populaire, le passage à l'euro a nettement modifié les termes utilisés. Finis les « sacs » (1 000 anciens francs-10 nouveaux francs) et les « briques » (10 000 nouveaux francs) des *Tontons flingueurs* (« Henri, fais tomber cent sacs au toubib ! », « À 500 sacs par mois, rien que de loyer, ça fait six briques par an : 90 briques en 15 ans ! »), ou les « cent patates » (10 000 nouveaux francs pour une unité, soit 1 million d'anciens francs au total) des « Trois frères »… « Patates » et « briques » qui valaient d'ailleurs autant que les « bâtons » qui n'ont pas survécu au passage au « franc lourd ».

Pour autant, certains termes se sont maintenus, tout en changeant de valeur ; une « balle » désigne toujours une unité de monnaie, qu'elle vaille 1 ou 6,56 francs* (1 euro). Il s'agit sans doute de la plus ancienne expression encore « en circulation », puisque l'on en trouve la trace dès 1655, où elle désignait alors une livre.

D'autres encore sont passés d'une notion précise à un synonyme de l'argent en général. La « thune » désignait à l'origine une pièce de 5 francs – c'est d'ailleurs toujours le cas chez nos voisins d'outre-Jura, en Suisse romande – avant de devenir un terme générique au même titre que le « blé », le « fric » ou le « flouze ». Il vaut d'ailleurs mieux avoir du blé que des « radis », qui ne valaient pas même un sou, le petit légume étant offert aux clients des bistrots du XIXe siècle.

La langue continuant d'évoluer, on voit apparaître de nouveaux termes aujourd'hui, diffusés notamment par la culture rap : « moula » ou « moulaga », entre autres – dérivés de l'argot américain *moola* comparable à notre « fric » –, qui peuvent aussi désigner du cannabis ou de la drogue de manière générale.

Tant que l'argent reste à portée de main – « Le pognon, ça reste à la pogne » dirait un personnage de la série *Kaamelott* d'Alexandre Astier – il sera sans aucun doute toujours aussi présent dans le langage fleuri et argotique, chaque génération inventant ses nouvelles dénominations, tout en maintenant quelques constantes.

€

ART

La monnaie, particulièrement sous sa forme fiduciaire, est aussi un véritable objet d'artisanat – ou même d'art. C'est d'ailleurs ce que relève le faussaire « Le Dabe » (Jean Gabin) dans *Le cave se rebiffe* de Gilles Grangier, en comparant les talents du graveur Robert Mideau (Maurice Biraud) à un « artiste de la Renaissance » voire à une « main raphaëlienne ».

Ainsi, de nombreux corps de métier sont indispensables pour parvenir au produit fini, véritable « bijou » de technologie (→ Innovation).

Au départ, le graphiste conçoit et dessine le billet*. Souvent, il répond à un appel d'offres ou à un concours, à l'issue duquel le design définitif est choisi. Ensuite, dans le cas du procédé d'impression en « taille-douce » (en creux), un graveur est chargé de créer la plaque métallique qui servira de « négatif ».

Le papetier est chargé de la production du papier fiduciaire, qui est d'une qualité supérieure à un papier « standard » ; les premiers signes de sécurité (→ Sécurité) – le filigrane ou la bande holographique, mais aussi la « fenêtre » – sont insérés dès cette étape. Il est ensuite nécessaire de découper le papier, pour le transporter, soit en bobines, soit en « planches ».

L'imprimeur est chargé de l'impression des billets qui est réalisée sur des machines feuille à feuille. Quatre étapes d'impression se succèdent sur quatre machines différentes, appliquant chacune un procédé spécifique. La première, l'Offset, permet l'impression en simultané du recto et du verso. La deuxième, la sérigraphie, ajoute une encre intégrant un effet de couleur changeante. La troisième étape, la taille-douce, permet une impression en relief, servant notamment à l'ajout de repères tactiles pour les personnes non-voyantes ou malvoyantes. La dernière étape d'impression est le numérotage qui appose un numéro de série unique sur chacun des billets. Certains billets* sont également vernis lors de cette même étape.

Des chercheurs participent aussi à l'activité de recherche et développement pour créer et améliorer de nouveaux signes de sécurité.

Enfin, lors de toutes ces étapes, de nombreux contrôles de sécurité sont réalisés afin de garantir la qualité de la production.

Dans le cas des pièces*, après la conception du design, l'outilleur, aussi appelé graveur, réalise des « coins ». Il s'agit d'une paire d'outils en métal, en général cylindrique. Sur l'un d'eux, on retrouve, gravé en creux, le côté « face » de la pièce ; l'autre coin est gravé avec le côté « pile ».

Le « monnayeur » – le vrai ! – est chargé d'assurer la frappe du « flan » (la rondelle de métal vierge) entre les coins, sur une presse (→ Monnaie de Paris).

Si « gagner de l'argent est un art », comme le disait Andy Warhol, nul doute que le faire en est aussi un… Rien de plus normal pour « l'art-gent » !

€

ASSOUPLISSEMENT QUANTITATIF

L'assouplissement quantitatif – *quantitative easing* en anglais – est un outil de politique monétaire* non conventionnelle, qui vise à lutter contre le risque de déflation – la baisse généralisée et durable du niveau des prix. Il consiste en une intervention massive, généralisée et prolongée d'une banque centrale sur les marchés financiers, à travers l'achat d'actifs : titres de dette publique (dettes d'État) ou privée (obligations d'entreprises par exemple).

L'assouplissement quantitatif s'est développé à la suite de la crise des *subprimes*, notamment à l'initiative de la Banque du Japon, la Banque d'Angleterre ou la Réserve fédérale. Pour la zone euro, ce type de mesures a été mis en place à partir de 2015, avec l'*asset purchase programme* (APP). Celui-ci est subdivisé en plusieurs programmes : *corporate sector purchase programme* (CSPP), *public sector purchase programme* (PSPP), *asset-backed securities purchase programme* (ABSPP) ou *third covered bond purchase programme* (CBPP3).

Pendant la crise de la Covid-19, le *pandemic emergency purchase programme* (PEPP) cherchait à faciliter l'accès des particuliers et des entreprises à des financements abordables. Doté d'une enveloppe de 1 850 Mds € (750 Mds € initialement, rehaussés à la fin de l'année 2020), il a permis d'éviter la faillite de nombreuses entreprises européennes en participant à leur financement.

Toutefois, il ne faut pas oublier que ces programmes d'achats d'actifs – auxquels nous nous sommes très vite habitués – n'allaient au départ pas forcément de soi. En effet, le Traité sur le fonctionnement de l'Union européenne (TFUE) interdit le « financement monétaire » des États – autrement dit, le recours à la fameuse « planche à billets » – dans son article 123. Aussi, l'Eurosystème ne peut acheter les titres éligibles à ses programmes d'achats – les obligations souveraines, par exemple – qu'uniquement sur le marché secondaire – le marché de l'occasion. Il lui est formellement interdit d'acheter directement des titres auprès de leurs émetteurs, États ou entreprises.

L'assouplissement quantitatif a d'ailleurs fait l'objet d'une plainte par des contribuables eurosceptiques allemands, inquiets de ses potentiels effets inflationnistes – l'échec de la République de Weimar à contrôler la hausse des prix (hyperinflation) est encore bien ancré dans les esprits germaniques – qui a eu des effets inattendus. Saisie, la Cour constitutionnelle de Karlsruhe pose une question préjudicielle à la Cour de justice de l'Union européenne (CJUE) sur la légalité du PSPP, cette dernière jugeant la pratique respectueuse des traités européens en 2018.

En 2020 cependant, la Cour de Karlsruhe rend un arrêt qui exige de la Banque centrale européenne de justifier sous trois mois que le QE lancé était proportionné à l'exercice de son mandat, sous peine d'interdiction pour la Bundesbank – la banque centrale la plus importante de la zone euro – d'y participer. Au-delà de l'aspect financier, les demandes de la Cour ayant été satisfaites, il s'agit surtout d'une attaque sans précédent sur la primauté du droit de l'Union européenne et du rôle de la CJUE.

€

BANQUE CENTRALE EUROPÉENNE

Créée par le traité de Maastricht en 1992, la Banque centrale européenne (BCE) est officiellement établie le 1er juin 1998 à Francfort-sur-le-Main, à proximité de la Bundesbank (→ Deutschemark), la banque centrale allemande. Une manière de rassurer les Allemands ?

Elle remplace l'Institut monétaire européen* le 1er juin 1998, lors de la mise en place de la monnaie unique. Il s'agit d'une des sept institutions de l'Union européenne, énumérées à l'article 13 du TFUE. Son mandat* (article 127 du TFUE et statuts de la BCE) est de « maintenir la stabilité des prix », qui est favorisé par son indépendance* (article 130).

D'abord installée dans l'Eurotower, au n° 29 de la *Kaiserstrasse* – la « rue de l'Empereur » –, elle est à présent sise au n° 20 de la *Sonnemannstrasse*, nommée en l'honneur de Leopold Sonnemann, un journaliste allemand fondateur du *Frankfurter Zeitung* et élu au Reichstag.

Le nouveau bâtiment, la *Skytower*, inauguré en 2015, intègre la structure des anciennes halles de fruits et légumes de la ville – surnommée, affectueusement *Gemieskirch* ou « église du légume » par les Francfortois, pourtant plus connus pour leur amour de la saucisse ! – et a été dessiné par l'architecte autrichien Wolf Dieter Prix, du cabinet Coop Himmelb(l)au. Ses dimensions sont impressionnantes : 185 mètres de haut, 185 000 mètres carrés répartis sur 45 étages, 4 300 tonnes d'acier... il peut accueillir jusqu'à 2 900 salariés.

Le bâtiment comporte aussi un mémorial dédié aux Juifs déportés, le sous-sol ayant servi de lieu de regroupement entre 1941 et 1945 avant le départ pour les camps de la mort.

La BCE fonctionne en coopération continue avec les vingt banques centrales nationales de la zone euro (→ Eurosystème) – elle est d'ailleurs « détenue » par toutes les banques centrales de l'Union européenne, pas uniquement de la zone euro, selon une clé de répartition dépendant de la taille de l'économie et du secteur financier de chaque pays. Elle compte trois organes principaux :

- Le Conseil des gouverneurs (→ Gouverneurs) est principalement chargé de définir la politique monétaire* de la zone euro.
- Le Conseil général, un « organe transitoire » destiné à disparaître lorsque tous les pays de l'UE auront rejoint la monnaie unique, assume une fonction

consultative et participe aux préparatifs nécessaires aux élargissements éventuels de la zone euro.

- Le Directoire, composé de six membres – incluant le président et le vice-président de l'institution – prépare les réunions du Conseil des gouverneurs, met en œuvre la politique monétaire décidée lors de ces dernières, et assure la gestion courante de la BCE.

Ses missions ont été renforcées au fur et à mesure des années – et des crises – notamment en ce qui concerne la supervision bancaire et la stabilité financière (→ Union bancaire), qui s'ajoutent à la mission première de lutte contre l'inflation*, de l'émission des billets* ou de veiller au bon fonctionnement des infrastructures de paiement (→ TARGET).

€

BANQUE DE FRANCE

Fondée par Napoléon Bonaparte en 1800, la Banque de France conserve un rôle important pour l'économie française, et ce, malgré la création de la BCE, dont elle détient, en 2024, 16,35 % du capital. Elle est le deuxième actionnaire de la BCE, derrière la Bundesbank allemande et ses 21,44 %. La Banque de France est elle-même détenue à 100 % par l'État depuis 1945, après avoir été pendant longtemps une société privée.

La « Vieille Dame de la rue La Vrillière » est d'ailleurs une des plus « vénérables » institutions monétaires de la zone euro, seulement devancée par la Banque d'Espagne, dont la naissance remonte à 1782, ce qui lui confère un statut particulier parmi les autres banques centrales européennes. Ce surnom, qui pourrait paraître un peu péjoratif de prime abord, est calqué sur celui de la Banque d'Angleterre, qui revendique son titre de « Old Lady of Threadneedle Street », octroyé dès 1797 par un caricaturiste britannique : la « Vieille Dame » refusant de céder aux avances du Premier ministre William Pitt le Jeune, qui lorgne ses réserves d'or… Ses qualités sont évidentes : prudente, fiable, et avec des poches profondes – tout ce qu'il faut pour assurer son rôle de prêteur en dernier ressort.

La Banque de France a participé activement à la création de la monnaie unique, dès les premières discussions. Lors de la phase de gestation, elle doit notamment défendre – avec l'aide de la Bundesbank – la parité du franc* face au deutschemark* (1 DM contre 3,35F).

La création de la monnaie unique est aussi l'occasion d'une transformation en profondeur de l'institution : la loi du 4 août 1993 modifie le statut de la Banque de France pour la rendre seule responsable de la « définition et la mise en œuvre de la politique monétaire » sans ingérence de la part du gouvernement (→ Indépendance). En intégrant l'Eurosystème*, la Banque de France perd formellement son autonomie de décision tout en y gagnant un vrai pouvoir d'influence au niveau européen, et sans plus devoir s'adapter en continu à la politique allemande. Elle continue en outre à mettre en œuvre la politique commune décidée à Francfort, mais au niveau national, avec une exécution décentralisée.

Aujourd'hui, la Banque de France réalise trois missions principales, résumées par les « 3S » : la stratégie monétaire – en lien avec la BCE et l'Eurosystème –, la stabilité financière – notamment grâce à l'Autorité de contrôle prudentiel et de résolution (ACPR), qui, adossée à la Banque de France, assure le contrôle des secteurs bancaires et assurantiel – et les services à l'économie et à la société – l'éducation financière, la gestion du surendettement, de la procédure de droit au compte, la cotation des entreprises, etc.

Depuis 2022, elle est aussi reconnue comme la banque centrale la plus « verte » du G20, pour ses actions en faveur du climat et de la biodiversité. La création d'un

« indicateur climat », sorte de « cotation climatique » des entreprises, pourrait aussi permettre de « verdir » à terme la politique monétaire européenne dans son ensemble.

€

BILLET

Le billet apparaît en Chine pendant la dynastie Song (960-1279 apr. J.-C.), à la fin du xᵉ siècle. Il s'agit au départ d'une monnaie* privée – non garantie par l'État – émise par des commerçants pour faire face à la pénurie de métal ; les billets sont imprimés à l'encre noire sur du papier issu du mûrier, et sont d'abord garantis par une réserve en pièces et en sel – « or blanc » du Moyen Âge –, puis par une réserve métallique d'or et d'argent. En 1024, l'État chinois s'arroge le monopole d'émission de cette nouvelle forme de monnaie ; très rapidement, la quantité de billets augmente, et les réserves métalliques ne permettent plus de garantir la masse monétaire en circulation, ce qui conduit à un effondrement de la valeur des billets (→ Agrégat).

Le billet est pourtant une des « merveilles » décrites par Marco Polo dans son récit de voyage à la fin du XIIIᵉ siècle ; en effet, il est alors le seul moyen d'échange légal, sous la dynastie mongole Yuan (1279-1367), et s'impose grâce à deux caractéristiques : il est convertible en argent et en soie, et est accepté pour le règlement des taxes et impôts. L'État ayant alors un intérêt direct à ce que le billet conserve sa valeur, le système perdurera jusqu'à la fin de la dynastie, malgré un retour partiel à une monnaie de bronze pour lutter contre l'inflation.

En Europe, le premier billet de banque est émis en 1661 par la Banque de Stockholm, l'ancêtre de la Banque de Suède. En France, les expériences ratées du « système de John Law » (entre 1716 et 1720) puis des assignats révolutionnaires rendent les citoyens frileux quant à la monnaie-papier. L'une des premières missions de la Banque de France* est ainsi de développer ce moyen de paiement et d'assurer la confiance* dans celui-ci. C'est toujours son rôle aujourd'hui – en lien avec la BCE* – pour l'euro.

La monnaie unique est ainsi disponible en sept dénominations, avec, dans l'ordre croissant – en valeur comme en taille – le billet de 5 € (gris), 10 € (rouge), 20 € (bleu), 50 € (orange), 100 € (vert), 200 € (jaune) et 500 € (rose). Une première série a été émise en 2002, et a été peu à peu remplacée (entre 2013 et 2019) par les nouveaux billets de la série « Europe* ».

Depuis 2016, le billet de 500 € n'est plus produit – même s'il conserve son cours légal* : demandé au départ, notamment, par les Allemands et les Autrichiens, chez qui l'usage des espèces est nettement plus important que dans les pays d'Europe de l'Ouest ou nordiques, les risques qu'une telle coupure fait peser en termes de blanchiment de capitaux ou de financement du terrorisme ont été considérés comme trop importants pour maintenir cette dénomination. L'ensemble des billets de 500 € constituait alors près d'un tiers des liquidités en circulation.

€

CARBONE

L'euro a un cycle de vie. Et, comme un être « vivant », il a aussi une empreinte carbone. Elle reste toutefois extrêmement faible : en 2019, l'ensemble des billets en euros avait une empreinte carbone égale à 0,01 % de celle moyenne d'un Européen. Pour ce qui concerne sa fabrication, l'empreinte diminue régulièrement, au fur et à mesure des investissements dans de nouvelles unités de production. Pour sa distribution aussi : l'efficacité énergétique des distributeurs de billets a ainsi augmenté de 35 % depuis 2004.

Mais surtout, l'euro se recycle. En effet, les banques ont la possibilité de remettre en circulation les billets en euros : quand vous déposez des espèces à votre guichet bancaire, elles peuvent être mises à disposition dans le distributeur de billets situé juste à côté – après avoir vérifié leur qualité et leur authenticité, évidemment. En pratique, plus de la moitié des billets sont reversés à la Banque de France* pour être triés dans ses « caisses », le solde est trié par d'autres acteurs de la filière fiduciaire (banques, transporteurs de fonds, etc.).

Lorsque les billets sont trop usés, ils reviennent à la Banque de France pour être définitivement détruits. Toutefois, tous les billets ne reviennent pas : certains sont thésaurisés, d'autres partent dans des pays étrangers, ou, enfin, sont perdus ou abandonnés – c'est le cas notamment du billet de 5 €, qui ne parvient que peu aux machines à tri de la Banque de France. Au total, ce sont 4 024 millions de billets qui ont été émis en 2023 en France, pour 3 641 millions de billets reversés – près de 11 Mds € de différence en montant !

Au demeurant, les banques centrales de l'Eurosystème* sont très engagées dans la réduction des gaz à effet de serre. Depuis 2023 a été mis en place un exercice commun de publications extra-financières annuel, portant sur l'empreinte carbone de leurs portefeuilles d'actifs et sur les risques climatiques qui y sont associés. Cet effort de transparence vise à verdir les actifs financiers détenus d'une année à l'autre, mais aussi à mieux comprendre l'incidence des portefeuilles des banques centrales sur le climat*.

€
CENTIME

Le centime, comme chacun sait, est égal à 1/100 d'une unité monétaire. Pourtant, nous ne devrions pas l'appeler ainsi. En effet, les traités européens, afin de garantir une certaine cohérence au sein des États-membres, indiquent que la dénomination officielle est le « cent », invariable en nombre, ou, pour les langues à déclinaison – comme l'allemand, par exemple –, en cas. Cette harmonisation permet aussi d'éviter de privilégier une langue par rapport à une autre.

Malgré cela, la France a choisi, sur recommandation de la Commission générale de terminologie, de privilégier le terme « centime », qui figure ainsi au Code monétaire et financier (à son article L. 111-1). L'objectif était d'éviter des homophonies qui pourraient être problématiques pour l'usage de la monnaie. Il faut dire que la Commission recommande de prononcer le « cent » non pas à l'américaine, mais comme l'adjectif numéral « cent » français. Cent cent seraient *sans* doute source de confusion !

Le plus gros débat sur nos centimes reste surtout leur utilité… et leur possible disparition. Plusieurs pays de la zone euro (Finlande, Pays-Bas, Belgique, Irlande et Italie) ont décidé de ne plus utiliser les pièces* de 1 et 2 centimes ; de manière pratique, lors d'un paiement, le montant est arrondi aux 5 centimes les plus proches : une facture de 1,97 € sera effectivement suivie d'un paiement de 1,95 €, alors qu'un règlement de 1,98 € se soldera par un déboursement de 2 €.

Pourquoi supprimer les pièces de faible montant ? D'abord, pour leur coût élevé. En partie à cause du cours du cuivre, les pièces de 1 et 2 centimes coûtent plus cher à produire que leur valeur faciale. En 2005, une réponse du ministère de l'Économie et des Finances à une question sénatoriale pointait un coût de revient pour une pièce de un centime s'élevant à 4,06 centimes. Aujourd'hui, l'État ne révèle plus le coût de fabrication des pièces courantes, pour des enjeux de concurrence, notamment pour les marchés d'exportation.

En outre, ces pièces sont « négligées » par les citoyens, qui les stockent sans les utiliser, voire s'en débarrassent. En 2018, d'après un sondage réalisé par la BCE*, 58 %

des Français souhaitaient la suppression de ces pièces. Cela pose fortement question pour les autorités monétaires : ces pièces ne circulant pas, il est impératif d'en frapper constamment de nouvelles pour garantir une quantité suffisante ; elles représentent ainsi près de 50 % des pièces émises dans la zone euro.

Les centimes présentent toutefois des avantages : ils permettent notamment de faire l'appoint et d'avoir un prix au plus près de la valeur réelle du bien – un gain certain pour le consommateur –, mais aussi de limiter l'inflation ; pour des raisons psychologiques et commerciales, les vendeurs n'auraient pas intérêt à des prix « ronds » – le fameux 1,99 € plutôt que le 2 €. L'arrondi – même s'il portait sur la facture globale, et non sur le prix de chaque produit – pourrait conduire à une harmonisation par le haut.

€

CHAMALIÈRES

Ville chère à la famille Giscard d'Estaing – Valéry en a été le maire entre 1967 et 1974, tout en étant ministre de l'Économie et des Finances ; son fils Louis en est le maire depuis 2005 et en a été le député de 2002 à 2012, succédant à son père qui l'était depuis 1988 –, Chamalières héberge l'imprimerie de la Banque de France*.

À la suite de la guerre de 1870, qui s'est soldée par l'occupation d'une partie du territoire national, la Banque de France, qui imprimait jusqu'alors les billets* dans son siège parisien, rue Croix-des-petits-Champs, décide de transférer cette activité vers une région moins « exposée », afin d'éviter tout risque de pénurie de billets.

La décision de s'installer à Chamalières, près de Clermont-Ferrand, est prise en 1915, lors de la Première Guerre mondiale, après la « découverte » du site par Paul Schuler, ingénieur responsable de la fabrication des billets entre 1912 et 1938. Ce choix s'explique à la fois par la centralité de l'implantation sur le territoire national, sa bonne desserte ferroviaire – au croisement des lignes Bordeaux-Lyon et Paris-Béziers –, mais aussi par la main-d'œuvre abondante et qualifiée – l'entreprise Michelin a été fondée quelques décennies auparavant.

Les premiers billets sortent de la chaîne de production dès le 1er août 1918 – 3 mois avant la fin de la guerre. En mai 1919, soit 10 mois plus tard, 10 millions de billets* ont déjà été produits.

Aujourd'hui, l'imprimerie de Chamalières fait de la Banque de France le premier imprimeur public de billets libellés en euros, avec plus d'un milliard de coupures en 2023. D'autres devises sont aussi imprimées à Chamalières, à la suite des contrats passés avec des banques centrales étrangères.

Malgré le centenaire de la présence de la Banque de France à Chamalières fêté récemment, l'imprimerie va prochainement déménager pour se rapprocher de la papeterie, située à Vic-le-Comte, à une vingtaine de kilomètres de Clermont-Ferrand. Ce projet, intitulé « Refondation », est le plus gros investissement de l'histoire de la Banque de France et permettra de pérenniser l'activité de production fiduciaire pendant plusieurs dizaines d'années, tout en diminuant de plus de 50 % les émissions de gaz à effet de serre liés à la création des billets (→ Carbone).

€

CHANGE

Le taux de change d'une devise est le prix d'une monnaie – ou d'une devise, qui désigne une monnaie étrangère – par rapport à une autre ; on parle aussi de « cours » ou de « parité ».

Ce taux est très important car il impacte le commerce extérieur d'un pays : plus le taux de change d'une monnaie est fort par rapport à une autre, plus il lui est facile d'acheter des biens dans une autre devise.

Par exemple, si le baril de pétrole vaut 100 $, et que le taux de change euro-dollar est à la parité (1 € = 1 $), alors ce baril coûtera 100 € à une entreprise européenne. Admettons ensuite que l'euro s'apprécie par rapport au dollar, et que 1 € = 1,10 $; dans ce cas, le baril de pétrole, toujours vendu au prix de 100 $, ne sera plus payé que 90,91 €. Plus une monnaie s'apprécie, plus il devient facile de réaliser des importations.

Concomitamment, plus une monnaie s'apprécie, plus il devient difficile d'exporter : les prix exprimés dans la monnaie du vendeur, une fois convertis dans la devise de l'acheteur, deviennent de plus en plus importants.

Cette situation vaut surtout depuis les années 1970, avec la mise en place des changes dits « flottants » : le marché détermine le prix des différentes devises, en fonction des fondamentaux économiques. C'est le régime adopté par les principales « grandes monnaies », dont l'euro.

Toutefois, pour éviter le « risque de change » (une appréciation ou une dépréciation importante de la monnaie), certains pays ont fait le choix d'un régime de change fixe ; autrement dit, ils sont liés à une monnaie par un prix qui ne varie pas au jour le jour, même s'il peut être ponctuellement révisé. On parle alors de « dévaluation » ou d'une « réévaluation ». C'est notamment le cas du franc CFA* ou de la couronne danoise, liés à l'euro par un régime de change fixe (→ MCE II). Pour maintenir la parité, les banques centrales peuvent intervenir sur le marché des changes en revendant ou en achetant des devises, qui constituent leurs réserves de change. En pratique, la majorité des pays évolue dans un régime de change intermédiaire, entre flottement total et change fixe.

L'histoire de l'euro est très liée au change : à sa création, la révélation des parités définitives, le 31 décembre 1998 à Bruxelles, de chaque monnaie nationale avec l'euro a été un véritable événement. C'est à cette date que la parité de 6,55957 ou 6,56 francs* pour un euro a été définie ; chaque monnaie nationale vaut alors moins qu'un euro, à l'exception de la livre irlandaise, dont la parité est fixée à 0,787564 £ pour un euro. Le taux de change externe en bénéficiera, l'euro passant de 1,1665 à 1,1720 dollar sur la journée.

Si la parité est si précise, c'est que les montants échangés sur le marché des changes, le plus actif de la planète, peuvent donner le tournis. Les 7 506 milliards de dollars échangés quotidiennement en 2022 représentent trois fois le PIB annuel français ! Le change euro-dollar représente 23 % de cette activité journalière, consacrant le rôle de monnaie internationale de l'euro.

€

CIBLE

La Nouvelle-Zélande est la première banque centrale à avoir mis en place un ciblage direct de l'inflation, en 1990, après une décennie d'inflation conjuguée à un déficit budgétaire et à celui de la balance des paiements.

Dès sa création en 1998, la BCE* a défini une cible d'inflation à un niveau inférieur à 2 % à moyen terme. Lors de la première revue stratégique de 2003, elle précise sa définition avec un taux d'inflation* « proche de, mais inférieur » à 2 % par an.

En 2021, après plusieurs années d'inflation trop faible, la BCE a présenté une légère inflexion dans sa stratégie : la cible d'inflation est toujours fixée à 2 %, mais devient symétrique ; autrement dit, en cas d'inflation trop basse pendant un moment, le taux d'inflation pourra dépasser légèrement la cible de 2 %.

Pourquoi 2 % ? Un consensus existe chez l'ensemble des banquiers centraux pour considérer que ce niveau est le « bon » taux d'inflation. En effet, ces 2 % constituent à la fois une marge de sécurité pour éviter la déflation, et donner une marge d'ajustement en cas de chocs négatifs (ralentissement de l'activité), notamment du fait des rigidités à la baisse des salaires nominaux. Comme il est calculé en moyenne à l'échelle européenne (→ Eurostat), cela permet aussi d'éviter qu'un des pays se retrouve trop proche de la déflation. En outre, ce taux reste suffisamment bas pour rassurer les marchés sur la stabilité des prix, en minimisant le coût économique de l'inflation.

Malgré cela, plusieurs économistes ont récemment soutenu que la cible d'inflation devrait être plus élevée, et passer à 3 %. Le premier argument est contingent : si l'inflation est rapidement redescendue par rapport à son pic de 2022 à plus de 10 % en zone euro, elle est un peu supérieure à 2 % aujourd'hui ; toutefois, il serait plus difficile de la faire repasser sous cette barre – il faudrait donc changer de cible. L'autre argument serait qu'un relèvement de cette cible permettrait de mieux faire face aux chocs négatifs et d'éviter d'atteindre la « borne inférieure effective », la zone en-dessous de laquelle les taux d'intérêt ne peuvent plus descendre (un taux zéro ou légèrement négatif) pour aider à relancer l'activité.

La révision de cette cible poserait quelques problèmes : d'abord, changer d'objectif « en cours de route » pourrait être vu comme un aveu de faiblesse, et détruire la confiance que portent les marchés envers la banque centrale. De plus, les banques centrales auraient un biais implicite à assouplir la politique monétaire plutôt qu'à la restreindre, l'assouplissement ayant plutôt tendance à développer l'activité économique et à réduire le chômage, au contraire du resserrement monétaire.

€
CITOYENS

L'euro est utilisé quotidiennement par 350 millions de citoyens qui s'en sont saisis pour en faire « leur » monnaie.

La monnaie* est souvent définie comme un « bien public », car elle est nécessaire à l'activité économique, et concerne dès lors la collectivité dans son ensemble. Elle est aussi génératrice de lien social : par les échanges qu'elle permet, et parce qu'elle constitue un marqueur fort d'identification. Ainsi, l'euro appartient avant tout à ses utilisateurs, qui se la sont appropriée depuis 25 ans. C'est sans aucun doute pour cela que la monnaie unique est tant plébiscitée : 79 % des citoyens européens ont confiance et souhaitent conserver l'euro comme monnaie selon le sondage Eurobaromètre.

Des critiques sont régulièrement faites sur un lien parfois trop lointain avec les citoyens, un procès en déconnexion des institutions monétaires. Exemple sans doute le plus visible, sur le design des billets en euros : les ponts et arches seraient trop peu personnalisés et peu esthétiques… Pour y répondre, la BCE* a lancé, en 2021, une consultation ouverte à tous pour le futur thème d'illustration de la prochaine série de billets*. Lors de l'enquête menée en 2023, 365 000 personnes ont donné leurs préférences parmi les sept thèmes proposés ; les deux restant en lice étant « La culture européenne » et « Fleuves et oiseaux ». Le Conseil des gouverneurs devrait ainsi décider du futur graphisme à la suite d'un concours en 2026.

€

CLIMAT

Le changement climatique et la transition vers une économie bas carbone* peuvent se répercuter fortement sur les prix et engendrer des pressions inflationnistes. Ils font dès lors partie du mandat des banques centrales européennes, au titre de la stabilité des prix. Au titre de la stabilité financière, aussi, les risques climatiques constituent également un risque financier important pour l'ensemble de l'économie mondiale. L'Eurosystème* participe donc à la lutte contre le réchauffement climatique.

La BCE réalise ainsi régulièrement des tests de résistance climatique auprès des banques et assurances de la zone euro ; ceux-ci démontrent sans ambiguïté que les avantages d'une transition rapide et ordonnée l'emportent largement sur son coût initial : plus nous agirons tôt, plus le coût final sera faible.

Au demeurant, en juillet 2022, Christine Lagarde*, la présidente de la BCE, a annoncé la fin du principe de neutralité de marché, notamment pour ce qui concerne les programmes d'achats d'actifs réalisés par la BCE et les banques centrales nationales (BCN), avec une réorientation de son portefeuille vers les entreprises présentant une bonne performance climatique, et une limitation des titres émis par des entités à forte empreinte carbone parmi ceux qui sont apportés par les banques en collatéral des opérations de politique monétaire.

Ce « verdissement » de la politique monétaire (→ Finance verte) a pour buts de réduire le risque financier du changement climatique dans le bilan de l'institution, de favoriser la transparence et de soutenir la transition écologique de l'économie dans son ensemble, afin de respecter les objectifs de l'accord de Paris et d'atteindre la neutralité carbone de l'UE en 2050.

€

COLLECTION

La numismatique, qui vient du latin *numisma* (« pièce de monnaie »), est la discipline d'études des pièces* et des médailles. Utile pour les historiens, elle désigne aussi l'objet de passion de nombreux particuliers, fascinés par le symbole qu'est la monnaie, mais aussi attirés par les aspects artistiques ou culturels de chaque devise.

À ce titre, l'euro est un objet rêvé pour les collectionneurs. D'abord car, avec l'unification monétaire, plusieurs monnaies nationales ont disparu, rendant chacune d'entre elles plus rare, et devenant autant de sujets d'intérêt. Mais aussi car l'euro est en lui-même une monnaie propre à la collection. Avec les faces nationales, chaque pièce est ainsi multipliable par 20 avant d'obtenir une collection complète.

En outre, de nombreuses pièces « uniques » commémoratives sont éditées chaque année par les États-membres pour rendre hommage à des personnalités publiques (Jacques Chirac ou Simone Veil), des événements (Jeux olympiques de Paris, Coupe du monde de rugby), des institutions (UNICEF) ou des causes (recherche médicale), pour citer les cas uniquement français (→ Monnaie de Paris).

Leur valeur marchande peut être bien supérieure à leur valeur faciale : ainsi, la pièce de 1 centime monégasque de 2001 ou 2002 s'échange à une centaine d'euros sur le marché numismatique, 10 000 fois sa valeur affichée ! Pour les billets, le 5 € de la série « Europe », avec un numéro SC1111111111, se serait échangé à plus de 5 000 €.

Les plus chers pièces et billets pour les collectionneurs restent surtout les produits « fautés », autrement dit qui comportent une erreur : entre autres exemples, une pièce de 20 centimes avec deux côtés « face », un flan de pièce de 2 centimes frappé 1 centime, ou encore une pièce de 2 € allemande de 2008 qui ne présente pas de frontières entre les différents pays européens. Ce qui est rare est cher !

€

COMITÉ DELORS

Arrivé en 1985 à la tête de la Commission européenne, Jacques Delors* n'aura de cesse de chercher à s'imposer sur les sujets monétaires, allant même jusqu'à assister aux réunions mensuelles du Comité des gouverneurs des banques centrales, qui avaient lieu au siège de la Banque des règlements internationaux (BRI), à Bâle.

Stratégie gagnante : au Sommet de Hanovre, en 1988, est constitué le « comité Delors », composé, outre son président éponyme, des gouverneurs des douze banques centrales nationales de l'Union, et de quatre personnalités indépendantes, dont le directeur général de la BRI et futur président de l'Institut monétaire européen*, Alexandre Lamfalussy.

Les travaux du comité aboutissent dès l'année suivante au *Rapport sur l'Union économique et monétaire* – ou « Rapport Delors » –, qui estime qu'une monnaie commune stimulerait fortement les échanges commerciaux entre les pays européens, et favoriserait ainsi la croissance économique de l'ensemble du continent.

Les grandes bases de la monnaie unique y sont définies : son objectif majeur – la stabilité des prix et la lutte contre l'inflation* – et ses outils – l'indépendance* qui fonde la crédibilité* d'une banque centrale.

Le Rapport Delors rappelle d'abord trois conditions identifiées dans le rapport Werner de 1970 pour l'établissement de l'UEM : une union monétaire avec une convertibilité totale et irréversible des monnaies nationales ; la libération complète des mouvements de capitaux et une intégration des marchés bancaires et financiers ; la fin des marges de fluctuation entre devises et l'irrévocabilité de la parité.

Il identifie trois étapes pour y parvenir : l'achèvement du marché unique, avec l'adhésion de l'ensemble des monnaies au Système monétaire européen* ; la coordination des politiques monétaires et la réduction des marges de fluctuation, assurées sous l'égide du Système européen de banques centrales (→ Eurosystème) ; l'apparition finale de la monnaie unique.

Pari réussi : le processus de création de l'euro aura suivi en tout point les préconisations du Rapport Delors.

€

CONFIANCE

La confiance est l'une des caractéristiques fondamentales de la monnaie : si vous n'aviez pas confiance dans la valeur de celle-ci – quelle que soit sa forme : billet, chèque ou virement, fiduciaire ou scripturale –, vous n'accepteriez pas d'être payé ou d'échanger avec elle.

À chaque échange se renouvelle ce petit miracle, presque un acte de foi. Confiance que nous accordons à notre monnaie, dans son acceptation future par tous et pour tout type d'échanges économiques ; mais aussi confiance dans la capacité des banques centrales à en maintenir le pouvoir d'achat et la valeur sur la durée, en limitant l'inflation grâce à la politique monétaire.

À ce titre, l'euro est sans conteste une réussite, avec une confiance dans la monnaie unique qui s'accroît continuellement. Aujourd'hui, 79 % des habitants ont confiance en l'euro, contre 62 % en 2013, au plus fort de la crise des dettes souveraines. Il est d'ailleurs intéressant de noter que même lors des plus forts « remous », l'euro est resté très nettement soutenu par la population : il ne faisait l'objet que de 31 % d'opinions défavorables à la même période, en 2013, soit deux fois moins.

€

CONSTRUCTION

On parle souvent de « construction » lorsque sont évoquées les Communautés puis l'Union européennes. Sans doute car elles se sont construites petit à petit, en reposant d'abord sur des fondations solides, avant de s'élever, en suivant la méthode voulue par Jean Monnet des « petits pas ».

L'euro en est sans doute la flèche, l'élément le plus visible. Construction politique autant qu'économique, la monnaie européenne est un symbole fort – unique ? – de la réussite de l'intégration continentale. Son développement continu – de 11 à 20 membres en 25 ans – démontre s'il était besoin son fort pouvoir d'attraction. Cela atteste aussi que la construction n'est pas encore totalement achevée, et que l'édifice peut encore s'élever plus haut.

De nouvelles « briques » y sont ajoutées au fur et à mesure, parmi lesquelles l'Union bancaire*, ou, peut-être prochainement, l'Union des marchés de capitaux*. L'euro est un peu comme une cathédrale, il y a toujours quelque chose à améliorer.

On peut presque se demander si les symboles architecturaux (→ Architecture) choisis pour figurer sur les billets ne sont pas un clin d'œil à cette expression tant répétée.

€

CONVERGENCE

La convergence économique des États membres de la zone euro était, dès le départ, au cœur du projet de création de la monnaie commune. La convergence consiste en un alignement d'une économie sur une autre. En d'autres termes, cela signifie un rapprochement des économies pour limiter les possibilités de chocs asymétriques : des chocs externes ayant des conséquences diverses selon les pays en fonction de leurs structures économiques variées.

Dans le même temps la convergence désigne aussi le processus selon lequel le PIB par habitant des pays plus pauvres s'aligne progressivement sur celui des pays plus riches.

Ces deux types de convergences ont très vite été recherchés, notamment avec les fameux « critères de convergence » préalables à l'adhésion à la monnaie unique et définis par le traité de Maastricht*. En effet, pour qu'une seule politique monétaire* soit efficace pour tous, il est absolument indispensable d'éviter les chocs ne touchant qu'une partie des États membres.

Le rattrapage économique des pays moins développés, souvent parmi les États plus récemment intégrés dans l'Union, devait aussi permettre de consolider le projet politique global d'intégration européenne, et la perspective d'un niveau de vie supérieur représente encore un des attraits majeurs de l'UE (→ Croissance).

Globalement, si des différences persistent entre le revenu par tête entre les pays – il reste un écart de 25 % entre l'Italie et l'Allemagne par exemple –, elles ont fortement diminué au fil du temps, et le processus se poursuit pour les treize « nouveaux » États membres des élargissements de 2004, 2007 et 2013.

€

COTON

Vous imaginez vous promener dans des vêtements en billets ? Cela vous semble un peu trop tape-à-l'œil ? Pourtant, c'est déjà un peu le cas ! Le papier des billets en euros est en effet le produit d'un surcyclage : il n'est pas fabriqué à partir de bois, mais des chutes de coton de l'industrie textile. « Rien ne se perd, rien ne se crée, tout se transforme », comme le disait Lavoisier. Ce choix permet de limiter l'empreinte environnementale des billets.

C'est cette matière qui donne son toucher ferme et craquant au billet, et le rend aussi unique.

L'ensemble du papier fiduciaire utilisé par la Banque de France* provient de sa filiale EuropaFi, installée à Vic-le-Comte, près de Clermont-Ferrand. La proximité de l'Allier fournit à l'industrie l'ensemble des ressources en eau nécessaires à la production.

EuropaFi, créée en 2015, regroupe les banques centrales d'Italie, du Portugal et de l'Autriche en plus de la Banque de France ; l'Irlande a choisi de solder sa participation en 2019.

La papeterie a une capacité de production de 4 750 tonnes de papier par an, ce qui fait d'elle la plus importante papeterie fiduciaire de la zone euro, avec plus de la moitié de la production totale du continent. 1 billet sur 2 dans votre poche provient donc du Puy-de-Dôme.

Faire de la monnaie, cela peut parfois être un peu coton…

€
COURS LÉGAL

Pour la CJUE, le cours légal d'un moyen de paiement repose sur trois caractéristiques : l'acceptation obligatoire, à la pleine valeur faciale, avec un pouvoir libératoire. En d'autres termes, au sein de la zone euro, un créancier est ainsi obligé d'accepter un paiement en espèces en euros, qui libère le débiteur de son obligation de paiement. Le cours légal est indispensable pour qu'une monnaie dure dans le temps, fondant notamment la confiance dans celle-ci.

Le cours légal ne doit pas être confondu avec le cours forcé, qui désigne une monnaie qui n'est pas convertible en métal précieux, souvent en or. Cette situation s'est notamment produite en France lors des guerres, afin d'éviter la « fuite vers la qualité » des citoyens, qui cherchaient à changer leurs billets* en or.

Un même État peut avoir deux monnaies ayant cours légal simultanément : outre l'exemple de l'île de Nouvelle-Bretagne en Papouasie-Nouvelle-Guinée, où le *tabu*, une monnaie de coquillages, a cours légal – on peut payer depuis 2001 au supermarché avec ce petit escargot de mer – et une parité officielle avec le *kina*, la devise nationale, cela a aussi été le cas en France, et même en Europe.

En effet, entre le 1er janvier et le 17 février 2002, le franc et l'euro circulent de concert, et il est possible de payer indifféremment dans l'une ou l'autre monnaie. Le franc* était alors décrit comme une « subdivision nationale de l'euro ». Au niveau du continent, la période de transition dure jusqu'au 28 février 2002. L'euro est aujourd'hui la seule monnaie ayant cours légal dans la zone euro. Plus précisément, seule la monnaie fiduciaire*, émise en direct par la banque centrale, a cours légal – ce qui n'est pas le cas de la monnaie scripturale, heureusement très largement acceptée.

Toutefois, les pièces et billets des monnaies nationales ont conservé pendant plusieurs années – voire ont encore – une certaine valeur, hors du champ de la collection : ainsi, il était possible d'échanger ses billets en francs pour des euros jusqu'à dix ans après la perte de leur cours légal. Dans certains pays – si jamais vous retrouvez sous votre matelas des deutschemarks* allemands, des schillings autrichiens, des livres irlandaises ou, plus récentes, des couronnes estoniennes – l'échange gratuit est possible sans limite de temps au guichet des banques centrales nationales.

Ainsi, l'ensemble des anciennes devises nationales restant en circulation représenterait une masse totale de 13,5 Mds €, dont 8,5 Mds – et plus précisément 6,3 Mds en deutschemarks – seraient encore convertibles.

€
CRÉATION MONÉTAIRE

Lorsque l'on pense à la création monétaire, la première image est souvent celle de la « planche à billets ». Pourtant, la monnaie fiduciaire* représente moins de 10 % de la masse monétaire en circulation. L'immense majorité consiste en fait en des écritures sur les comptes bancaires, ce qu'on appelle la « monnaie scripturale ».

La première forme de monnaie est émise directement par les banques centrales (billets) et les Trésors nationaux (pièces), tandis que la seconde est, quant à elle, créée par les banques commerciales, lorsqu'elles octroient un crédit à un ménage ou à une entreprise.

En pratique : lorsqu'un agent économique (ménage ou entreprise) emprunte de l'argent, le montant du prêt est inscrit sur son compte en banque, mais cette monnaie n'existait pas auparavant, elle a été créée *ex nihilo.* On entend parfois que « les crédits font les dépôts ».

En effet, une fois créée, cette monnaie peut circuler, en l'utilisant avec les moyens de paiement habituels (retraits d'espèces, chèque, carte bancaire, etc.).

La banque centrale garde toutefois un œil averti sur le processus, et influence fortement la capacité des banques « de second rang » à créer de la monnaie, grâce à la politique monétaire* et à la réglementation bancaire. En baissant ou en augmentant ses taux d'intérêt directeurs*, elle va orienter les taux auxquels les banques prêtent aux agents économiques, donc, indirectement, l'offre et la demande de crédit, et, partant, la création monétaire. Pareillement, les règles prudentielles (terme dérivé de la « prudence ») comme le niveau des réserves obligatoires des banques par rapport aux crédits qu'elles accordent ou le montant de fonds propres limitent la capacité des banques à octroyer de nouveaux crédits, et donc à créer plus de monnaie.

€

CRÉDIBILITÉ

La crédibilité d'une banque centrale est une condition indispensable à la réussite de sa politique monétaire, et donc au succès de sa mission de stabilité des prix.

Comme pour la confiance*, la crédibilité est longue à acquérir, mais peut se perdre très rapidement. Elle se construit sur la qualité de l'économie, le crédit politique

– l'indépendance* de la banque centrale à l'égard du gouvernement – et la diversité de sa « boîte à outils » que sont les instruments de politique monétaire.

Sur le temps long, ses résultats sont évidemment scrutés, et peuvent créer un cercle vertueux : une banque centrale qui arrive à maîtriser la hausse des prix et remplissant ses objectifs est écoutée, crédible, ce qui renforce la puissance de ses outils (notamment le guidage prospectif*) et lui permet de mieux remplir ses objectifs.

Une banque centrale crédible a ainsi le pouvoir d'ancrer les anticipations des agents économiques par le simple pouvoir de la parole – la plume est plus forte que l'épée, paraît-il. Le meilleur exemple de cette crédibilité est sans aucun doute le célèbre « *whatever it takes* » prononcé par Mario Draghi* en 2012. En une simple phrase, il sauve la zone euro de la fragmentation et rassure les marchés sur la pérennité de la monnaie unique.

La crédibilité pourrait néanmoins, de manière assez contre-intuitive, jouer contre la banque centrale, dans ce que C. Borio appelle le « paradoxe de la crédibilité » : une inflation maîtrisée, faible et stable dans le temps, grâce à une politique monétaire crédible, donne un sentiment de sécurité aux agents économiques. Ils vont alors modifier leur comportement, prendre de plus en plus de risques et s'endetter de manière excessive, ce qui peut ensuite être à l'origine de la création de « bulles » spéculatives, et de crises financières.

La crédibilité monétaire pourrait ainsi, à moyen terme, nuire à la stabilité financière. Dilemme cornélien pour une banque centrale ! Heureusement, dans le cas de l'euro, le mandat* est clair : la stabilité des prix d'abord. Ce qui renforce encore la crédibilité de l'Eurosystème* dans la lutte contre l'inflation.

€

CRISE(S)

L'euro, comme l'Union européenne de manière générale, s'est forgé dans les crises. C'est le cas dès l'origine : l'euro est un compromis entre la France et l'Allemagne sur fond de réunification* entre la RFA et la RDA après la chute du « Rideau de fer ».

La monnaie unique subit rapidement l'épreuve du feu, avec la crise des *subprimes* et ses conséquences délétères pour la zone euro, pointant notamment la divergence entre les économies européennes, entre pays du Nord (Allemagne, Autriche, Pays-Bas et Finlande) et ceux du Sud (Espagne, Italie, Grèce, Portugal). En cherchant la convergence économique, les taux d'intérêt bas et uniformes ont incité certains pays à s'endetter massivement, créant ainsi des bulles spéculatives, à l'image du marché immobilier en Espagne.

L'enchaînement des événements est rapide, et implacable : la faillite de la banque américaine Lehman Brothers entraîne des pertes financières pour l'ensemble des banques, et une réduction des crédits accordés à l'économie ; pour « sauver » les banques en difficulté et stimuler l'économie, l'État s'endette afin de recapitaliser les établissements bancaires privés, et orchestre des plans de relance, ce qui se solde par des déficits publics élevés. Malgré cela, la reprise est insuffisante, ce qui contribue à pérenniser les déficits (le flux) et à faire largement augmenter la dette* publique (le stock).

Assez rapidement, la soutenabilité de la dette est questionnée dans certains pays (Portugal, Italie, Grèce et Espagne) – bientôt regroupés sous l'acronyme peu reluisant de PIGS – ce qui entraîne à la fois à une hausse des *spreads* (l'écart entre les taux d'intérêt auxquels deux États empruntent ; en zone euro il est calculé par rapport à la dette allemande) et à une sortie des capitaux étrangers. Il devient alors plus difficile pour les États de s'endetter, ce qui aggrave encore le problème, aboutissant à la « crise des dettes souveraines ».

Comment en est-on arrivé là ? Certains, comme Michel Santi, pointent un « péché originel » dans la conception de la monnaie unique : une politique monétaire* strictement limitée à la stabilité des prix, et qui interdit la monétisation de la dette (en d'autres mots, pas de « planche à billets ») ; une absence de politique budgétaire ou fiscale commune ; un manque de solidarité* voire simplement de coordination entre les États européens, bien qu'ils partagent une monnaie commune.

Plusieurs évolutions qui ont renforcé grandement l'intégration de l'UEM et la pérennité de l'euro tirent les leçons de cette crise : le Semestre européen, qui vise à mieux coordonner les politiques nationales en matière budgétaire et économique (→ Stabilité), ou la mise en place de l'Union bancaire*, à travers la création du mécanisme de surveillance unique (MSU), du mécanisme de résolution unique (MRU), tous deux en 2014, et qui viennent compléter le mécanisme européen de stabilité (MES). À toute chose malheur est bon !

€

CROISSANCE

L'euro offre de nombreux avantages permettant de servir la croissance économique : facilité de comparaison des prix favorisant la concurrence, meilleure intégration des marchés financiers, suppression des barrières liées au change*, plus grande attractivité pour les capitaux étrangers, ce qui encourage les investissements, diminution des taux d'intérêt d'emprunt pour les États et les entreprises.

Pour autant, les études économiques sont partagées sur les gains apportés par la monnaie unique : ainsi, certains pays auraient été légèrement perdants, principalement du fait d'un niveau externe de l'euro qui aurait été surévalué, limitant les exportations. Au contraire, d'autres pointent que le PIB par habitant de la zone euro aurait été 4 % inférieur sans l'introduction de l'euro. Plus finement, toutes s'accordent sur le fait que la période pré-crise (1999-2008) a permis à l'ensemble des pays de mieux et plus se développer ; pour la France, le gain de la participation à l'UEM serait de plus de 2 % de PIB par habitant, contre + 27 % pour l'Irlande, 9 % pour les Pays-Bas et 1 % pour l'Allemagne. Le résultat serait plus mitigé pour l'Italie avec – 4 %.

Une chose est claire, en tout cas, sortir de l'euro serait aujourd'hui un séisme économique, au moins pour la France. La balance commerciale (les exportations moins les importations) est largement déficitaire, à hauteur de 111,5 Mds € en 2023 après 161 Mds € en 2022. Dès lors, tout retour au franc, couplé à une dévaluation, se solderait immédiatement par une hausse des prix importés, et *in fine* une perte de pouvoir d'achat des ménages. La remontée des taux et l'inflation se traduiraient par une perte de confiance* dans l'économie, nuisant à la croissance et augmentant le chômage. Ce n'est pas pour rien que le processus d'adhésion est irréversible !

€

DÉCENTRALISATION

Le partage de la souveraineté monétaire nationale pour rejoindre un projet collectif a pu créer quelques réticences, notamment lors des débuts de l'euro.

Pour limiter les tensions, il a ainsi été décidé dès les premières esquisses du projet de monnaie commune que, si les décisions étaient prises en commun et engageaient l'ensemble des banques centrales nationales – y compris si leur dirigeant n'était pas toujours en accord avec celles-ci à titre personnel –, leur exécution serait effectuée de manière décentralisée, au niveau national.

C'est notoirement le cas pour les opérations de politique monétaire* : ainsi, le refinancement bancaire est effectué par chaque BCN pour les établissements relevant de sa juridiction. De même pour les programmes d'achats d'actifs de la période d'assouplissement quantitatif* : les dettes souveraines ont alors été rachetées, sur le marché secondaire, par leurs banques centrales respectives. En résumé, la salle des marchés de la Banque de France*, à Paris, réalise les achats de titres décidés à Francfort par la BCE.

C'est aussi le cas pour la fabrication des billets* : chaque banque centrale membre de la zone a pour mission d'émettre un certain nombre de billets. Le nombre pour chaque BCN est défini en fonction de la clé de répartition au capital de la BCE.

€

DELORS (JACQUES)

Jacques Delors naît en 1925 à Paris. Son père est encaisseur à la Banque de France*, institution qu'il rejoindra au sortir de la Seconde Guerre mondiale, en tant que rédacteur. Il militera parallèlement à la CFTC, œuvrant pour la déconfessionnalisation du syndicat, qui se transformera en CFDT – il y restera adhérent jusqu'à la fin de sa vie. En 1962, il entre au Commissariat général du Plan, avant d'entrer au cabinet du Premier ministre Jacques Chaban-Delmas en 1969. Il revient à la Banque de France en tant que membre du Conseil général entre 1973 et 1979, tout en restant professeur d'économie-gestion à Paris-Dauphine, et délégué national du Parti socialiste pour les relations économiques internationales.

Il est nommé ministre de l'Économie et des Finances en 1981 après la victoire de François Mitterrand, et sera un des promoteurs du « tournant de la rigueur » à partir de 1983, dans un contexte d'attaques spéculatives contre le franc*.

En 1985, il devient président de la Commission des Communautés européennes (qui deviendra la Commission européenne à la suite du traité de Maastricht de 1992), et le restera jusqu'en 1995. Il est alors promoteur du « Livre blanc » de la Commission européenne recommandant l'instauration d'un marché unique et qui aboutira à la signature de l'Acte unique européen en 1986. À partir de 1989, il préside le « comité Delors* » qui permettra la création de la monnaie unique, et il sera plus tard surnommé le « père de l'euro ». Jacques Delors a largement participé au renforcement du rôle de la Commission dans les institutions européennes.

Il termine sa carrière politique en renonçant à se présenter à l'élection présidentielle de 1995, tout en continuant à porter le projet européen : il est président du conseil d'administration du Collège d'Europe, président-fondateur du think tank « Notre Europe » (rebaptisé depuis « Institut Jacques Delors »), et membre du groupe Spinelli qui cherche à promouvoir un plus grand fédéralisme au sein des institutions européennes.

Il est distingué comme « citoyen d'honneur de l'Europe » par le Conseil européen en 2015, troisième personne à recevoir ce titre après Jean Monnet et Helmut Kohl. Jacques Delors meurt le 27 décembre 2023.

€

DETTE

En allemand, *Schuld* peut se traduire à la fois par « dette », et par « faute » ou « culpabilité » ; difficile alors d'imaginer un rapport serein envers l'endettement public. C'est pourquoi des limites ont été introduites avant la création de l'euro afin de garantir une base solide lors de l'instauration de la monnaie commune, notamment lors du traité de Maastricht*, avec une limite à 60 % du PIB pour chaque pays. Le Traité sur la stabilité, la coordination et la gouvernance (TSCG) de 2012 introduit ainsi une « règle d'or » de comptes publics en équilibre ou en excédent sur l'ensemble d'un cycle économique.

La dette n'est pourtant pas en soi une mauvaise chose : elle permet notamment de financer des infrastructures qui dureront longtemps, et qui pourront même améliorer la croissance potentielle (routes, ports...), de participer à la formation des futurs travailleurs (école, université), de venir en soutien à l'économie lorsque le cycle est au plus bas – on parle alors de « politique contracyclique », comme pendant la Covid avec les prêts garantis par l'État –, ou même encore de développer l'économie grâce à son effet multiplicateur, démontré par Keynes.

Au contraire, lorsqu'elle ne sert qu'à financer des dépenses « de fonctionnement », la dette peut devenir improductive et se transformer en fardeau pour les générations suivantes.

Après les différentes crises, le poids de la dette publique s'est alourdi pour la zone euro : après un pic à 98,3 % en 2021, elle est redescendue à 88,6 % du PIB fin 2023, mais avec de fortes divergences entre les États membres ; elle diminue ainsi fortement dans certains pays (Portugal, Grèce*) et continue d'augmenter pour d'autres (Lettonie ou Finlande) – il est vrai que le niveau de départ n'est pas le même pour tous.

Certains proposent aussi d'annuler les dettes nationales détenues par les banques centrales de la zone euro. Il faut d'abord savoir que le niveau de détention de la dette par les banques centrales nationales est plafonné à un tiers de la dette globale d'un État émetteur. L'annulation permettrait de diminuer facilement la dette par rapport au PIB, et donc de redonner des marges de manœuvre pour emprunter.

En pratique, cette solution n'est, en l'état actuel des traités, pas légale : elle contrevient frontalement à l'interdiction du financement monétaire des déficits publics (article 123 du TFUE). Elle n'est aussi pas réellement pertinente : puisque les banques centrales sont détenues intégralement par leurs États respectifs, il ne s'agirait que d'un tour de « passe-passe » budgétaire. La suppression de la créance se solderait par une perte nette à l'actif de la banque centrale… donc de l'État qui la possède, avec d'autant moins de dividendes versés au budget. En réalité, certains économistes considèrent qu'une fois présente au bilan de la banque centrale, la dette se retrouve déjà *de facto* annulée. L'annulation serait en revanche un signal négatif fort envoyé aux autres créanciers, qui n'aiment rien tant que la stabilité et la certitude.

€

DEUTSCHEMARK

Le deutschemark est la monnaie officielle de la République fédérale allemande entre 1948 et 1999. Il succède au Reichsmark, complètement discrédité après l'importante inflation* utilisée par le régime nazi pour financer la guerre, qui a fait exploser la masse monétaire, tout en instaurant un strict contrôle des prix à partir de 1936.

Outre-Rhin, la monnaie est un symbole extrêmement fort, puisqu'elle précède même l'État : la loi fondamentale allemande – l'équivalent de la constitution – a été promulguée dix mois plus tard que la création du deutschemark. Le mark accompagne le *Wirtschaftswunder*, le « miracle économique » allemand rendu possible par le plan Marshall ; la croissance sera de 7 % par an en moyenne dans la décennie 1950, et ce, sans inflation ! C'est cette dernière, rappelle Stefan Zweig dans *Le Monde d'hier*, qui avait rendu le pays « mûr pour Hitler ».

Héritière du courant économique ordolibéral, la Bundesbank – surnommée « BuBa » –, fondée en 1957 à Francfort, est chargée de la gestion de la monnaie. Dix ans après sa création, le deutschemark est la plus forte monnaie européenne, avec le franc suisse.

Se crée alors, *de facto*, une « zone mark » : un régime où l'ensemble des partenaires de l'Allemagne s'alignent sur sa monnaie, et modifient leurs taux de change* afin de maintenir leur parité par rapport au mark.

Lors de la réunification* allemande est créée une union monétaire entre RDA et RFA dès juillet 1990, qui se veut basée sur des présupposés plus politiques qu'économiques : en choisissant de mettre le deutschemark et l'ostmark à égalité, Helmut Kohl permet la fraternisation entre égaux, et non, symboliquement, entre des citoyens ne valant qu'un quart ou qu'un cinquième de leurs voisins.

À la fin des années 1990, le gouvernement allemand n'accepte de sacrifier le deutschemark qu'à la condition que l'euro soit une monnaie aussi forte que celui-ci. Pour s'en assurer, l'une de ses demandes est que la BCE soit située en Allemagne, à Francfort, ce que résumera le ministre des Finances de l'époque, Theo Waigel : « L'*euro* parle allemand et cela nous fait particulièrement plaisir. »

€

DOLLAR

Le dollar serait-il européen ? Au moins en partie pour son nom ! En effet, il dérive phonétiquement de l'allemand *thaler*, une monnaie d'argent, du nom du village de Sankt-Joachimsthal, en Bohême (aujourd'hui en Tchéquie), dont les premières pièces sont produites au début du XVIe siècle.

En réalité, si on pense souvent au billet vert américain, le dollar est le nom d'une vingtaine de monnaies nationales encore aujourd'hui : Canada, Australie, Hong Kong, mais aussi les îles Kiribati, Salomon, ou Caïmans.

L'évolution de la parité euro-dollar américain a connu deux phases principales : introduit en 1999 à 1,18 $ pour 1 €, et malgré des débuts compliqués – la parité descend à 0,85 $ fin 2000 – l'euro s'apprécie fortement jusqu'en 2008, jusqu'à 1,60 $. Puis, il baisse structurellement face au dollar : entre 2008 et 2015, il descend jusqu'à 1,10-1,15 $; en 2022, la parité parfaite est à nouveau atteinte. Il évolue depuis début 2023 aux alentours de 1,10 $.

Ces variations sont le reflet des fondamentaux économiques : croissance*, emploi, inflation et balance commerciale. Depuis la crise de 2008, les États-Unis ont connu meilleure fortune économique : l'affaiblissement de l'euro peut ainsi s'expliquer, pour la partie la plus récente, par la guerre en Ukraine et les tensions géopolitiques, la crise énergétique, le rôle de « valeur refuge » du dollar en période de tensions, et le différentiel de taux entre banques centrales pour la maîtrise de l'inflation (→ Taux directeurs).

Cette situation a à la fois des avantages et des inconvénients : côté pile, l'euro faible permet de stimuler les exportations et d'inciter les touristes à se rendre en Europe ; côté face, les importations – notamment énergétiques, presque toujours libellées en dollars – coûtent plus cher, ce qui pénalise les consommateurs mais aussi les entreprises (→ Change).

Le taux de change entre euro et dollar reste à la libre appréciation du marché ; il ne relève pas du mandat de la BCE* de poursuivre telle ou telle politique de change.

€

DRAGHI (MARIO)

« Super Mario » pour les uns, « comte Draghila » pour les autres – de préférence épargnants allemands ou néerlandais –, le troisième président de la Banque centrale européenne* (2011-2019) a été une personnalité pour le moins clivante lors de son mandat, marqué par différentes crises.

Né à Rome en 1947 d'un père passé par la Banque d'Italie – déjà ! –, il a été formé chez les Jésuites, avant de réaliser sa thèse sous la direction de Franco Modigliani et Robert Solow sur le plan Werner consacré à la construction de la monnaie unique. Il en conclut alors qu'elle est « une folie, quelque chose à ne faire sous aucun prétexte ».

Il débute sa carrière comme professeur, avant de devenir directeur exécutif à la Banque mondiale en 1984. En 1991, il est nommé directeur général du Trésor italien pour dix ans, ce qui le fait apparaître comme un élément de continuité en servant neuf gouvernements, de gauche comme de droite. Il rejoint en 2002 la banque Goldman Sachs, avant de devenir gouverneur de la Banque d'Italie en 2005.

Il entre directement dans le grand bain, étant nommé président de la BCE en pleine crise* de la zone euro, contrecoup de la crise des *subprimes* de 2007-2008. Son premier – et son plus célèbre, sans doute – coup d'éclat aura lieu le 26 juillet 2012 à Londres, lorsqu'il prononcera son mythique « *whatever it takes* » : « La BCE est prête à faire tout ce qu'il faudra [*whatever it takes*] pour sauver l'euro. Et croyez-moi, ce sera suffisant. » Cette petite phrase est parfois décrite comme ayant permis de sauver l'intégrité de la zone euro dans son ensemble, en rassurant les marchés ; finalement, aucune intervention n'aura même été nécessaire (→ Guidage prospectif).

À partir de 2015, face au risque de déflation, Mario Draghi prend des mesures audacieuses de politique monétaire* dites non-conventionnelles : taux d'intérêt négatifs sur les dépôts à vue des banques auprès de la BCE, *forward guidance* (« guidage prospectif ») avec l'annonce à l'avance des orientations des décisions, et surtout *quantitative easing* (« assouplissement quantitatif ») avec l'achat massif de titres financiers aux banques sur le marché secondaire, notamment de titres souverains.

Il devient président du Conseil italien et forme un gouvernement d'union nationale entre février 2021 et juillet 2022.

€

DUISENBERG (WIM)

Wim Duisenberg, le premier président de la BCE, est né le 9 juillet 1935 à Heerenveen, aux Pays-Bas. Diplômé d'un doctorat d'économie de l'université de Groningue, il commence sa carrière comme économiste au Fonds monétaire international, avant d'être nommé à la tête du ministère des Finances néerlandais en 1973, sous un gouvernement travailliste. Il a alors une réputation de keynésien, mais ses convictions évolueront avec le choc pétrolier, qui le rend plus sceptique sur les déficits publics et lui fait prendre son « tournant de la rigueur » personnel.

En 1977, il dirige la Rabobank, la plus importante banque coopérative des Pays-Bas. En 1982, il est nommé gouverneur de la Banque centrale néerlandaise, la DNB (*De Nederlandsche Bank*), à la tête de laquelle il reste pendant plus de quinze ans.

Il est membre de l'Institut monétaire européen* – « ancêtre » de la BCE – lors de sa création en 1994, avant de le présider entre 1997 et 1998, année où il devient président de la BCE. Il fait rapidement parler de lui lors de ses premières prises de parole – un peu trop franches –, et gagne une réputation de « gaffeur », par exemple en laissant chuter le cours de l'euro par rapport au dollar* en 2000, en décrétant que la BCE n'interviendrait pas pour soutenir le cours de celui-ci. Finalement, elle interviendra peu après, mais sans utiliser la procédure prévue par les traités (en coopération avec le Conseil ECOFIN*), au motif que le taux de change a un impact sur la stabilité des prix.

Il démissionne avant la fin de son mandat, en novembre 2003, conformément à un accord passé au moment de sa nomination, en ayant atteint l'âge de la retraite, pour laisser la place au Français Jean-Claude Trichet. Il décède en juillet 2005 dans le sud de la France.

€

ECOFIN

Le Conseil « Affaire économiques et financières » (ECOFIN) est une formation du Conseil de l'Union européenne (à ne pas confondre avec le Conseil européen qui regroupe les chefs d'État et de gouvernement) rassemblant les ministres de l'Économie et des Finances des 27 États membres de l'UE. Les commissaires européens des sujets discutés participent également aux réunions. Sa conduite est assurée par le ministre de l'État assurant la Présidence de l'Union, qui tourne tous les six mois.

Ses décisions sont prises, pour la plupart et mises à part les questions fiscales, à la majorité qualifiée, qui représente à la fois 55 % des États membres (soit 15 États) et 65 % de la population de l'UE.

Il se réunit une fois par mois pour traiter des sujets économiques et financiers intéressant l'Union dans son ensemble : la coordination et surveillance des politiques économiques et budgétaires grâce au Semestre européen, la fiscalité, la réglementation financière, l'UEM, etc. Concernant l'euro, son cadre juridique ou les orientations générales de la politique de change y sont définis.

En pratique, les réunions du Conseil ECOFIN sont préparées en amont par le Comité des représentants permanents (COREPER) composé de hauts fonctionnaires, dans sa formation COREPER II consacrée aux questions plus politiques. Les travaux du COREPER II sont eux-mêmes préparés par le Groupe informel Antici, du nom du délégué italien Paolo Antici qui en est à l'initiative en

1975. En déminant au fur et à mesure les questions « sensibles », le Groupe Antici puis le COREPER II assurent le bon déroulement des Conseils ECOFIN.

Au demeurant, des réunions de l'Eurogroupe*, qui réunit uniquement les États membres de la zone euro, précèdent les réunions du Conseil ECOFIN, afin de définir une position commune à la zone euro.

€
ECU

L'*European currency unit* ou « unité monétaire européenne » a été créée en 1978 lors du Conseil européen de Brême. Valéry Giscard d'Estaing en propose le nom : cela tombe bien, le sigle est aussi le nom d'une ancienne monnaie française.

Elle remplace l'unité de compte européenne, créée en 1962, d'abord définie par rapport à l'or, et alignée ensuite sur la valeur des droits de tirage spéciaux du FMI.

La valeur de l'ECU était établie selon un panier* de monnaies, dont la représentation dépendait du poids économique du pays concerné, parmi les neuf participants. À titre d'exemple, lors de l'entrée en vigueur du Système monétaire européen (SME) – dont l'ECU est la clé de voûte –, le deutschemark* équivalait à 33 % du panier, le franc* français a 19,8 %, la livre sterling à 13,3 %, le florin néerlandais à 10,5 %, la lire italienne à 9,5 %, les francs belge et luxembourgeois à 9,6 %, la couronne danoise à 3 % et la livre irlandaise à 1,1 %. En 1984 s'ajoute la drachme grecque, puis en 1989 la peseta espagnole et l'escudo portugais.

Pour retrouver la valeur d'une monnaie nationale en ECU, le calcul consistait en une multiplication des taux de change respectifs par rapport aux autres monnaies du panier – variables en continu dans le système de changes flottants, mais dans une marge prédéfinie –, multipliés par leurs pourcentages de contribution à la valeur totale.

L'ECU remplit alors deux des trois fonctions de la monnaie* : elle est à la fois un étalon (unité de compte, comme son nom l'indique) et un instrument de réserve. Il ne lui manquait plus qu'à être un intermédiaire des échanges.

L'ECU en tant que tel a disparu en même temps que le Système monétaire européen*, au 1er janvier 2000. Toutefois, il est demeuré l'unité de compte de la politique agricole commune – tous les pays qui en bénéficient ne font en effet pas encore partie de la zone euro.

€
EPSILON

Comme les autres devises, l'euro dispose lui aussi d'un symbole pour le représenter – le « $ » du dollar* en étant l'exemple le plus emblématique. Il s'agit de la cinquième lettre de l'alphabet grec, *epsilon*, choisie car elle fait référence à la première lettre du mot « Europe* ». Il ne faut pas pour autant considérer, comme en mathématiques, ou dans *Le Meilleur des mondes* d'Aldous Huxley, qu'il s'agit de quelque chose de « dérisoire » ou d'« insignifiant », bien au contraire.

Le symbole – € – ne copie toutefois pas *epsilon* au pied de la lettre : au lieu d'une barre, ce sont bien deux barres horizontales et parallèles qui traversent l'*epsilon*, dans l'objectif de représenter la stabilité à l'intérieur de la zone euro.

Rappel aussi de la symbolique du dollar, qui, jusqu'à une histoire récente, comportait lui aussi deux barres ? D'autant plus que ces deux barres reprenaient les deux colonnes d'Hercule situées de part et d'autre du détroit de Gibraltar, également présentes dans les armoiries du Royaume d'Espagne, et qui figuraient à ce titre sur la célèbre « pièce de huit », popularisée notamment par le film *Pirates des Caraïbes*. Un retour aux sources européen une nouvelle fois !

Le symbole de l'euro trône devant l'entrée de l'ancien bâtiment de la BCE, à Francfort, entouré de douze étoiles*, comme sur les pièces et billets. Livré par l'artiste plasticien allemand Ottmar Hörl en 2001, il culmine à 14 mètres de haut et pèse 50 tonnes. Il a eu une vie mouvementée, entre dégradations par des manifestants et projets de démolition après le déménagement de la BCE – l'*Euro-Skulptur* coûte en effet près de 200 000 € à entretenir chaque année ! Il a même un temps été question de le vendre aux enchères. Pour le moment, il est en tout cas toujours visible et reste un emblème de la ville de Francfort (→ Banque centrale européenne).

€
ESTER

Officiellement « €STR » pour *Euro Short-Term Rate* (« taux en euro à court terme »), et prononcé « Ester », il s'agit du taux interbancaire de référence de la zone euro. Il a remplacé l'EONIA à compter de 2019 (avec d'abord une double circulation des taux), puis définitivement en 2022.

Il reflète le coût des emprunts de gros en euros non garantis, au jour le jour, pour les banques européennes. Autrement dit, il s'agit du taux auquel une banque emprunte auprès d'une autre banque, sans apporter de garanties ; on parle aussi d'emprunt « en blanc ».

De manière pratique, la BCE récupère, chaque jour d'ouverture de TARGET*, les statistiques sur les taux d'emprunt auprès de quelque 70 établissements sur les opérations de plus de 1 M €. La BCE* classe ensuite les transactions du plus bas au plus fort taux, et agrège l'ensemble des transactions ayant un taux identique. Elle supprime ensuite les deux quartiles extrêmes (les 25 % de taux d'intérêt les plus faibles et les 25 % les plus élevés), puis réalise un calcul de la moyenne pondérée des taux en fonction des valeurs échangées.

Quel est son intérêt ? Cet indice de référence est utilisé par les banques pour fixer les taux d'intérêt de leurs contrats, comme les crédits, les produits d'épargne ou les lignes de découvert. En outre, la rémunération de l'épargne réglementée, en France, comme l'emblématique Livret A, dépend pour partie de l'€STR.

€
ÉTOILES

Les pièces et les billets* comportent tous des étoiles, en hommage au drapeau européen et à ses douze astres. Le drapeau, cercle d'étoiles dorées sur un ciel bleu, représente à la fois l'unité, la solidarité et l'harmonie entre les peuples européens, voire la plénitude et le mouvement dans la stabilité. Douze est aussi un nombre symbolique fort : douze dieux grecs olympiens, douze tribus d'Israël, douze apôtres, douze signes zodiacaux, douze mois dans l'année, etc.

Leur nombre n'a donc rien à voir avec le nombre d'États membres de l'Union européenne lors de son adoption en 1986. Cette dernière n'en est d'ailleurs pas la seule propriétaire. En effet, ce drapeau est devenu l'emblème du Conseil de l'Europe, institution qui regroupe 46 États et œuvre pour la défense des droits de l'homme.

Pour les pièces*, les étoiles sont situées sur la face « avers », aussi appelée « face nationale », car elles changent en fonction du pays émetteur. Symboliquement, les étoiles, qui représentent l'Europe, entourent l'emblème national.

€

EUROBONDS

Les *eurobonds* ou « euro-obligations » sont un projet d'émission d'obligations qui seraient émises en commun par l'ensemble des pays de la zone euro, pour mutualiser leur dette publique.

Défi immédiat : si, pour les pays en difficulté, les taux baisseraient immédiatement, le résultat n'est pas aussi certain pour les pays dont les taux d'intérêt sont aujourd'hui peu élevés : soit le taux de l'*eurobond* rejoindrait celui du pays le plus sûr – en l'espèce, l'Allemagne – soit le taux serait une moyenne des taux européens.

C'est malheureusement la seconde solution qui s'est concrétisée pour les *coronabonds*, le premier emprunt mutualisé européen destiné à lutter contre la crise de la Covid. Ce programme, doté d'une enveloppe de 100 Mds €, a été très largement plébiscité par les investisseurs : lors de l'émission de la première tranche de 17 Mds € en septembre 2020, la demande sur ces titres était de 230 Mds €, soit près de quatorze fois plus que le montant emprunté.

Aussi, pour les pays dits « frugaux », ces titres de dette constitueraient un risque d'aggravation des comportements laxistes des États dispendieux du sud de l'Europe, ne les encourageant pas à mener les réformes structurelles pour maîtriser leurs finances publiques (→ Stabilité). Ils craignent de devoir assumer *in fine* les dettes* contractées par ceux qu'ils considèrent comme de potentiels « passagers clandestins ».

€

EUROGROUPE

L'Eurogroupe, créé par le Conseil européen en 1997, est une enceinte informelle qui regroupe les ministres des Finances de la zone euro ainsi que la Commission européenne – le commissaire chargé des Affaires économiques et monétaires –, et la BCE – représentée le plus souvent par son président ou sa présidente. Son existence est intégrée par l'article 137 du TFUE depuis le traité de Lisbonne de 2009, et son fonctionnement est régi par un protocole – le n° 14 – annexé au TFUE.

Si sa mission principale est d'assurer une coordination étroite des politiques économiques entre les États membres de la zone euro afin de favoriser la croissance*, il ne dispose toutefois d'aucun pouvoir décisionnel en tant que tel ; lors des Conseils ECOFIN*, les décisions de l'Eurogroupe sont formellement entérinées avec un vote des vingt États utilisant l'euro. Ses sujets de discussion sont larges : politiques budgétaires et leur coordination, perspectives de la zone euro, réformes structurelles (dont un éventuel budget de la zone euro), stabilité financière et Union bancaire* ou encore élargissement de la zone euro. La politique monétaire* reste toutefois uniquement du ressort de la Banque centrale européenne.

Au contraire du Conseil ECOFIN, la présidence de l'Eurogroupe est longue – deux ans et demi –, afin d'assurer une plus grande stabilité. Elle est chargée de l'organisation des réunions, de l'établissement des ordres du jour ainsi que de l'élaboration des travaux de long terme. L'Irlandais Paschal Donohoe a été nommé en juillet 2020, puis reconduit en décembre 2022. Le groupe comporte aussi deux formations de travail destinées à aplanir les éventuels différends à l'avance ; pour la France, la préparation est assurée par la Direction générale du Trésor.

Le Sommet de la zone euro, quant à lui, regroupe les chefs d'État ou de gouvernement des pays de la zone euro, la Présidence du Conseil européen (qui préside, par coutume, aussi le Sommet) et la présidence de la Commission européenne. Il a été créé en 2008, et formalisé dans le TSCG en 2012. Il se réunit au moins deux fois par an.

€

EUROÏSATION

L'euro est une monnaie particulièrement attractive, à tel point qu'elle est utilisée par des pays et des territoires non-membres de la zone euro. Ce phénomène, aussi appelé « euroïsation », c'est-à-dire l'adoption unilatérale ou négociée de l'euro par un État en remplacement de sa monnaie nationale, recouvre en fait plusieurs réalités.

Certains territoires, appartenant à des États souverains européens, mais ne faisant pas partie de l'Union européenne pour cause d'éloignement géographique de la métropole, sont liés à l'euro par un accord : pour la France, il s'agit de Saint-Pierre-et-Miquelon, Saint-Barthélemy, de l'atoll de Clipperton et des Terres australes et antarctiques françaises (TAAF) – même si dans ces deux derniers cas, les possibilités d'achat y sont limitées.

C'est aussi le cas des deux bases militaires chypriotes Akrotiri et Dhekelia, appartenant au Royaume-Uni, malgré le Brexit, et bien que les britanniques n'aient jamais adopté la monnaie unique. Cela n'est toutefois pas si étonnant lorsque l'on sait que la Banque d'Angleterre a aussi imprimé des billets en euros, lors d'un test réalisé par la BCE, dans l'objectif de s'assurer que les standards d'impression étaient partagés par tous en Europe. L'objectif était de préparer une potentielle entrée du Royaume-Uni dans l'Union monétaire – qui ne semble pas près d'arriver aujourd'hui.

Au demeurant, certains micro-États ont signé des accords bilatéraux qui leur permettent d'utiliser l'euro comme monnaie officielle. Il s'agit de Monaco, Andorre, Saint-Marin et le Vatican. Ils ont ainsi le droit de « battre monnaie » et d'émettre des pièces avec une face « nationale ». Ils n'ont, en revanche, pas le droit d'imprimer des billets, qui restent à la main des seuls États membres de la zone euro.

Le Kosovo et le Monténégro ont quant à eux choisi de renoncer complètement à leur souveraineté monétaire pour s'arrimer à l'euro. La monnaie utilisée est ainsi la monnaie unique, mais sans qu'ils exercent une quelconque influence sur elle. Ce choix permet à ces États de bénéficier de la stabilité de l'euro tout en simplifiant et en réduisant les coûts des transactions financières.

Enfin, certains États ont gardé une monnaie nationale, mais liée par une parité fixe avec l'euro (→ Change). Il s'agit principalement des États et territoires des coopérations monétaires Afrique-France (francs CFA*, pacifique et comorien), de l'ancienne « zone escudo » qui regroupait les ex-colonies portugaises (escudo cap-verdien et dobra de Sao Tomé-et-Principe). La marka de Bosnie-Herzégovine a conservé son lien avec le deutschemark* – décidé unilatéralement – lors du passage à l'euro, choix également fait par la Macédoine du Nord et la Géorgie. Le Maroc navigue entre deux eaux, le cours du dirham étant indexé à 60 % sur l'euro et à 40 % sur le dollar*.

€
EUROPE

Europe (« celle qui a de grands yeux » en grec) est le nom d'une princesse phénicienne, originaire de la ville de Tyr, pourtant située au Liban. Célèbre pour sa beauté – tout comme notre continent auquel elle a donné son nom, naturellement –, elle est enlevée par Zeus, travesti en taureau blanc pour éviter de lui faire peur – et sûrement pour échapper à la colère d'Héra. L'emmenant sur son dos, Zeus la dépose en Crète, île dont elle épousera par la suite le roi Astérion.

L'euro est évidemment très lié à Europe : si, pour le nom, le rapprochement est assez évident, d'autres détails viennent rappeler cette généalogie. Ainsi, la pièce de 2 € grecque prend pour modèle une mosaïque de la ville de Sparte du IIIe siècle apr. J.-C. représentant la scène d'enlèvement par le roi des dieux.

Europe est aussi le nom de la deuxième série de billets en euros, émise entre 2013 et 2019. On retrouve le portrait de la princesse dans deux des signes de sécurité des billets, le filigrane et l'hologramme.

€

EUROSTAT

Eurostat est l'office statistique de l'Union européenne, héritier du service statistique de la Communauté européenne du charbon et de l'acier (CECA), créé en 1953. Il est installé à Luxembourg. Mine d'informations pour les chercheurs, tant les sujets couverts sont larges (agriculture, population, environnement et énergie, tourisme, etc.), Eurostat a un double rôle.

En premier lieu, l'office produit des statistiques européennes, en lien avec les instituts nationaux de statistique – l'Insee pour la France –, regroupés dans le système statistique européen (SSE) qui inclut aussi les pays de l'Espace économique européen (EEE) que sont la Norvège, l'Islande et le Liechtenstein, ainsi que la Suisse.

En second lieu, Eurostat coordonne les activités statistiques de l'UE, et particulièrement de la Commission européenne, dont elle est l'une des directions générales.

Pour ce qui touche à l'euro, Eurostat a un rôle crucial : il est à l'origine de l'indice des prix à la consommation harmonisée (IPCH). Celui-ci est calculé à partir d'une méthodologie unique – « harmonisée » – afin de pouvoir effectuer des comparaisons entre les pays. Son calcul est relativement simple : chaque mois des millions de prix sont relevés pour plusieurs centaines de produits, répartis en « groupes ». Chaque groupe est ensuite pondéré en fonction de son poids dans le budget des ménages, ce dernier évoluant chaque année : par exemple le groupe « Téléphone fixe » est passé d'une pondération de 0,08 % en 2001 à 0,03 % en 2024, alors que celui des téléphones portables est passé de 0,01 à 0,41 % sur la même période.

La mesure de l'inflation* est essentielle à la conduite de la politique monétaire* des banques centrales. Ces dernières recourent aussi fréquemment à un autre indicateur, l'inflation sous-jacente, qui mesure la hausse des prix en excluant les secteurs les plus volatils que sont l'alimentation et l'énergie.

€

EUROSYSTÈME

2024 est une année sportive, avec les JO, bien sûr, mais aussi le championnat d'Europe de football – dont le surnom est… « l'Euro » – se déroulant en Allemagne. Cela tombe bien : pour expliquer l'Eurosystème et ses missions, la définition de Jean-Claude Trichet est sans doute indépassable.

> La meilleure métaphore pour l'Eurosystème est celle de l'équipe sportive, en l'occurrence l'équipe monétaire d'Europe.
> Le coach, c'est la Banque centrale européenne dont le Conseil des gouverneurs définit la politique monétaire, assure la synthèse du diagnostic économique et monétaire sur la zone euro, décide du niveau des taux d'intérêt, coordonne l'action des Banques centrales.

Les joueurs sur le terrain, ce sont les Banques centrales nationales qui contribuent à préparer les décisions, mettent en œuvre la politique monétaire unique, détiennent les comptes de banques commerciales, assurent seules le refinancement, gèrent les réserves de change, veillent au bon fonctionnement des systèmes de paiement et assurent par ailleurs les tâches qui leur sont confiées par le traité de Maastricht.

La comparaison s'arrête ici : contrairement au football, l'Eurosystème est une victoire collective qui fait mentir Gary Lineker (« À la fin, c'est l'Allemagne qui gagne »).

L'Eurosystème ne doit pas être – encore ? – confondu avec le Système européen de banques centrales (SEBC), qui regroupe la BCE et l'ensemble des banques centrales de l'UE, y compris des États n'ayant pas adopté l'euro. Les deux ensembles continueront de coexister tant qu'il y aura des membres de l'UE ne faisant pas partie de la zone euro.

L'Eurosystème a un fonctionnement démocratique : les mesures votées lors des réunions du Conseil des gouverneurs* sont ensuite mises en œuvre par l'ensemble des membres de manière décentralisée, sans pouvoir en dévier : il en va de la bonne orientation de la politique monétaire.

L'Eurosystème n'intervient d'ailleurs que dans ce champ de compétences ; les banques centrales nationales ont ainsi la possibilité d'exercer des missions hors de l'Eurosystème, confiées par les gouvernements et parlements nationaux – tant qu'elles n'interfèrent pas dans leurs relations avec l'Eurosystème.

€

FÉDÉRALISME

Si l'Union européenne a pour vocation, selon l'article 1 du traité sur l'Union européenne (TUE), de créer une « union sans cesse plus étroite entre les peuples de l'Europe », le projet reste encore aujourd'hui un « objet politique non identifié », pour reprendre la formule de Jacques Delors.

À mi-chemin entre une confédération et une fédération d'États, elle peine parfois à trouver le bon « dosage » entre unanimité et majorité qualifiée, subsidiarité et mise en commun, intérêts nationaux et intérêt collectif.

La monnaie commune, l'euro, est sans aucun doute le meilleur exemple d'intégration et de politique fédérale de l'Union. En effet, chaque décision relative à la monnaie unique est prise en commun, acceptée et appliquée par tous les participants, quelle que soit leur propre situation nationale.

Toutefois, l'Union européenne semble aujourd'hui naviguer entre deux eaux, l'union monétaire est le résultat d'une intégration maximale, alors qu'il n'existe aucune solidarité fiscale pour ce qui touche à la Communauté – ce qui n'est pas sans poser un problème pour limiter les chocs économiques asymétriques et la concurrence entre les États, parfois non-coopératifs.

€
FIDUCIAIRE

Derrière ce mot, à l'origine obscure aujourd'hui – il dérive de *fiducia*, la « confiance » en latin –, se cache le véritable trésor de l'euro : la confiance* du public. La monnaie fiduciaire (le « cash ») n'a en effet aucune valeur en soi – à part le prix de l'encre et du papier peut-être, mais qui est nettement moins élevé que la valeur faciale : entre 3 et 8 centimes d'euros pour un billet.

La monnaie fiduciaire n'a pourtant pas toujours inspiré confiance. En France particulièrement, la première expérience du système monétaire de John Law, entre 1716 et 1720, a été catastrophique : les billets, gagés sur les colonies et la Compagnie des Indes, ne valaient plus que le prix du papier évoqué plus haut. La deuxième, celle des assignats révolutionnaires, *assignés* sur le produit de la revente des biens du clergé, ne connut pas sort plus heureux. Il faut dire qu'en 1796, la masse monétaire des assignats était de 45 milliards de livres, pour une estimation des biens du clergé comprise entre 2 et 3 milliards.

Il faudra plusieurs dizaines d'années et l'apparition de la Banque de France* en 1800 pour que la monnaie fiduciaire circule en France, en remplacement des monnaies métalliques.

Les espèces résistent bien à la digitalisation : la monnaie fiduciaire est, en 2022, impliquée dans 50 % des transactions en France, même si son usage diminue régulièrement. 83 % des Français se déclarent « attachés aux espèces » (sondage IFOP 2023) et 57 % considèrent qu'il est important d'avoir la possibilité de payer en espèces (enquête SPACE de la BCE). La liberté de choix de son moyen de paiement est d'ailleurs un principe de l'action de la Banque de France. La monnaie fiduciaire est ainsi la seule à avoir cours légal en France, et ayant une valeur libératoire (un simple échange, sans intermédiaire, permet de se libérer de sa dette). Le cash est aussi un gage de liberté et d'inclusion, car il est facilement utilisable, accessible, d'utilisation directe, gratuit, et ne produisant aucune donnée personnelle, donc sans tracer les usages ou les comportements de consommation.

Bémol cependant, du fait de cette caractéristique, il n'est pas possible, pour des raisons évidentes de lutte contre le blanchiment et le trafic, de payer en France au-delà d'un certain montant en cash : 1 000 € depuis 2015. Au niveau européen, ce montant maximal sera très prochainement de 10 000 €, malgré les réticences allemandes où, jusqu'ici, il n'y avait aucune limite à un paiement en espèces.

Au total, fin 2023, le volume d'espèces en circulation dans la zone euro était de 29 milliards de billets, soit 1 600 Mds € – une multiplication par 2,3 depuis les 700 Mds € de 2007.

€

FINANCE VERTE

La finance verte correspond aux pratiques et opérations financières cohérentes avec le développement durable et la transition écologique, et fait partie de la finance responsable. Le secteur financier y joue un rôle crucial, par ses choix d'investissement, mais aussi par sa gestion des expositions aux risques liés au changement climatique, qu'ils soient physiques, comme les catastrophes naturelles, ou à la transition vers une économie décarbonée.

La finance verte comprend des instruments spécifiques, comme les obligations vertes, ou *green bonds*, qui respectent le même schéma qu'une obligation classique, mais avec un suivi précis pour s'assurer de l'affectation des fonds pour des investissements favorables à l'environnement. L'Union européenne est engagée pour l'encadrement de cet instrument : le Conseil de l'Union européenne a ainsi adopté un règlement en octobre 2023 pour encadrer les obligations vertes et leur surveillance, avec la création d'un label. L'euro est, depuis 2018, la première devise utilisée parmi le total des émissions d'obligations vertes, avec un encours des obligations vertes émises en euros qui représente 49,8 % du total des émissions (22,3 % pour le dollar, 8 % pour le yuan).

La finance verte recouvre également les initiatives des autorités de supervision ou de régulation en faveur de la transition climatique : taxonomie « verte », *stress-tests* climatiques voire notation, avec la préparation de l'indicateur climat de la Banque de France*.

L'Eurosystème contribue aussi au verdissement du système financier en prenant en compte le climat* dans ses opérations de politique monétaire, par exemple avec un système de bonus / malus qui pourrait être introduit dans la gestion du collatéral pour le refinancement des banques. Il étudie aussi ses conséquences sur l'inflation*.

€
FRANC

L'origine du nom « franc » est ancienne, remontant à 1360 avec la frappe du « franc à cheval ». Destiné à payer la rançon du roi Jean II le Bon, capturé par les Anglais, le franc est presque un jeu de mots : « franc » signifie à l'époque « libre », mais il est aussi un beau clin d'œil au peuple ayant donné son nom au pays.

Plusieurs francs sont émis au fur et à mesure des monarques, jusqu'à 1803 et la création du « franc germinal » qui instaure un système bimétallique avec un rapport d'échange entre or et argent. Il restera en vigueur jusqu'en 1914. La dernière grande réforme monétaire sera le passage au « nouveau franc » ou « franc lourd » le 1er janvier 1960, qui institue une nouvelle unité monétaire égale au centuple de la précédente.

Le franc a été remplacé par l'euro en 1999 dans sa version scripturale – au taux de 1 € pour 6,55957 francs – et définitivement le 17 février 2002 avec la fin de la possibilité de payer ses achats en francs et la perte de son cours légal*. Pendant dix ans, jusqu'en février 2012, il était possible d'échanger ses billets en francs aux guichets de la Banque de France* pour obtenir des euros. Aujourd'hui, les francs n'ont plus d'autre valeur que celui du souvenir ; pourtant, il resterait l'équivalent de 726 M € (soit 4,7 Mds de francs) de billets en sommeil dans l'Hexagone, qui n'ont jamais été retournés auprès de la banque centrale.

Mais toute la France est-elle passée à l'euro ? Non ! Un franc circule sur le territoire français, même si ce n'est pas en métropole, et de l'autre côté de l'équateur. Le franc pacifique a ainsi cours dans trois collectivités d'outre-mer : la Nouvelle-Calédonie, la Polynésie et

Wallis-et-Futuna. Liés par un change* fixe à la devise européenne, 1 000 francs CFP valent aujourd'hui 8,38 €. Il est émis par l'Institut d'émission des départements d'outre-mer (IEDOM).

€
FRANC CFA

A priori, les francs CFA – il en existe deux : le franc de la communauté financière en Afrique (CFA-XOF), émis par la Banque centrale des États de l'Afrique de l'Ouest (BCEAO), et le franc de la coopération financière (CFA-XAF) émis par la Communauté économique et monétaire de l'Afrique centrale (CEMAC) – n'ont pas grand-chose à voir avec l'euro… Et pourtant ! Ces deux francs constituent, avec le franc comorien, les coopérations monétaires Afrique-France (ex-« zone franc »), ayant pour objectif de favoriser ainsi le développement économique.

Monnaies de 14 pays, les francs CFA ont été créés en 1945. Ils reposent aujourd'hui sur deux principes forts de coopération monétaire :

- Une parité de change* fixe avec l'euro (1 € = 655,957 francs CFA), ce qui signifie que la valeur de ces monnaies ne varie pas au jour le jour par rapport à cette dernière. Toutefois, des dévaluations restent possibles – il y en a eu deux, la première en 1948, la seconde en 1994.
- Une garantie de convertibilité illimitée entre ces monnaies et l'euro, grâce au Trésor français : par exemple, en cas d'impossibilité pour un État d'assurer le paiement de ses importations en devises, le Trésor fournit alors les liquidités nécessaires en euros.

En contrepartie de cette garantie, les réserves de change des États participant à la coopération monétaire sont centralisées auprès de leurs banques centrales respectives. Une partie de ces avoirs – 50 % pour la CEMAC, la BCEAO ayant choisi de mettre fin à ce système en 2019 – est ensuite transférée au Trésor français sur un compte rémunéré au taux de la facilité de dépôt de la BCE – soit 4 % début 2024, pour un total de 267,5 M € d'intérêts versés entre 2018 et 2022. Cette centralisation permet à l'État français, garant de la convertibilité, d'apprécier le niveau des réserves de change, et les potentiels risques de recours à ce mécanisme.

Depuis leurs créations, les coopérations monétaires Afrique-France sont de véritables réussites, que ce soit en termes de croissance (4,8 % en moyenne contre 4,0 % pour le reste de l'Afrique subsaharienne en 2022) ou de maîtrise de l'inflation (6,7 % en 2022 pour la zone considérée, contre 14,5 % en Afrique subsaharienne). En effet, l'arrimage à l'euro donne une plus grande crédibilité, mais permet aussi plus facilement aux investisseurs étrangers de s'implanter, en éliminant complètement le risque de change pour les Européens, et en le limitant drastiquement pour les autres, l'euro étant une monnaie particulièrement stable dans le système monétaire international.

€

GARANTIE DES DÉPÔTS

Face aux risques de faillites bancaires consécutifs à la crise des *subprimes*, l'Union européenne a édicté une directive en 2014 pour un système minimal de garantie des dépôts des particuliers. Les systèmes sont organisés aujourd'hui au niveau national ; en France, il s'agit du Fonds de garantie des dépôts et de résolution (FGDR), créé dès 1999.

L'idée est que les banques elles-mêmes fournissent les fonds du FGDR. Ainsi, l'ensemble des établissements bancaires agréés par l'ACPR y sont obligatoirement adhérents. Les ressources sont proportionnées au risque réel d'intervention, autrement dit le risque d'avoir à mener une procédure d'indemnisation auprès des banques « non systémiques », de taille petite ou moyenne. Les établissements plus importants relèvent eux du mécanisme de résolution unique (MRU). Au 31 décembre 2023, les ressources disponibles du FGDR s'élevaient à 7,5 Mds €, pour 329 adhérents, permettant de couvrir 0,5 % de l'ensemble des dépôts bancaires nationaux.

Lorsqu'un établissement fait faillite, la procédure est automatique pour le déposant : le FGDR audite les comptes de la banque, récupère les informations pour chaque déposant sur les avoirs couverts par la garantie et ceux qui sont exclus du dispositif d'indemnisation. Le FGDR procède ensuite à l'indemnisation sous sept jours des déposants, dans la limite de 100 000 € par déposant et par établissement.

En cas de faillite d'un établissement de taille plus importante, ce serait alors le MRU avec le Fonds de résolution unique (FRU) qui serait compétent.

Un éventuel système européen de garantie des dépôts serait le troisième et dernier pilier de l'Union bancaire*, et permettrait, selon le terme consacré, de « parachever » cette dernière.

€

GOUVERNEURS

« Gouverneur », quel étrange titre ! C'est pourtant celui du dirigeant de la majorité des banques centrales de la zone euro – à part les « présidents » allemand, néerlandais et lituanien, et la « présidente » européenne. Le nom de la fonction est calqué sur celui de la Banque d'Angleterre. À sa création, il est décidé que son dirigeant aurait le rang de Governor, sans doute pour marquer le prestige de la fonction, mais aussi son lien fort avec le pouvoir royal, bien qu'il s'agisse alors d'une banque privée.

Les gouverneurs de la zone euro se retrouvent une quinzaine de fois dans l'année lors des réunions du Conseil des gouverneurs. Ces réunions peuvent être de deux types : une réunion concernant la politique monétaire et la fixation des taux directeurs, toutes les six semaines ; ou une réunion portant sur l'ensemble des autres sujets, elle aussi toutes les six semaines en moyenne.

Pendant longtemps, le fonctionnement du Conseil des gouverneurs était particulièrement égalitaire : une personne avait une voix, quelle que soit la taille du pays. En effet, chaque gouverneur participe en tant que membre de la zone euro, et non comme représentant de sa propre économie : dès lors, les perspectives d'inflation* de l'ensemble de la zone euro sont scrutées avec plus d'attention que celles des différents pays qui la composent.

Avec l'élargissement de la zone euro, et pour garantir un fonctionnement efficace du processus de décision, un système de rotation des droits de vote a été institué lors de l'adhésion du dix-huitième membre, à savoir la Lituanie en 2015.

Depuis, les banques centrales sont réparties en deux groupes : les cinq économies les plus importantes (Allemagne, France, Italie, Espagne et Pays-Bas) se partagent ainsi quatre droits de vote, et les quinze autres exercent onze voix. De manière concrète, un calendrier est défini à l'avance : le gouverneur de la Banque de France, par exemple, qui fait partie du premier groupe, votera ainsi lors des réunions se tenant sur dix-neuf mois des années 2024 et 2025, et ne votera pas pendant les réunions se tenant pendant cinq mois (avril et septembre, février, juillet et décembre 2025), ce qui représente un vote lors de 80 % des prises de décision. S'il n'a alors pas droit de vote formel, il conserve un droit d'expression. Les six membres du Directoire de la BCE – dont la présidente – votent quant à eux à l'ensemble des réunions. En pratique, la recherche d'un consensus fait que les votes sont rarement formalisés.

€

GRÈCE

Berceau de la culture européenne, la Grèce se devait de rejoindre l'Union européenne, puis la monnaie unique. La Grèce intègre la Communauté européenne en 1981, consécutivement à la fin de la « dictature des colonels ». Elle entre dans la zone euro en 2001, principalement par volonté politique, puisqu'elle ne respectait pas les critères de convergence, en termes de dette publique notamment ; « on ne fait pas jouer Platon en deuxième division » avait dit V. Giscard d'Estaing au moment de l'entrée de la Grèce dans la CEE… Mais surtout, les chiffres donnés par la Grèce étaient tout simplement faux, ce que reconnaîtra le ministre des Finances grec en 2004 devant l'Eurogroupe* : jamais le déficit public n'avait été inférieur à 3 % lors des années précédentes. La Grèce avait été bien aidée par la banque américaine Goldman Sachs à « maquiller » ses comptes.

La crise* explose à partir de 2009. La crise des *subprimes* est passée par là, et les gouvernements européens mettent en œuvre des plans de relance. Lorsque les socialistes reviennent au pouvoir, le Premier ministre Papandreou révèle que le déficit, annoncé à 6 %, est en fait de 12,7 % du PIB. En réalité, des calculs plus récents l'estiment même à 15,2 % du PIB.

Très vite, la Grèce doit se tourner vers le FMI et demander une aide à l'Union européenne ; les plans d'austérité se succèdent, qui se soldent par des grèves et des tensions sociales. La note souveraine de la Grèce, déterminée par les agences de notation, est plusieurs fois dégradée en quelques mois. Les taux d'intérêt atteignent 32 %.

Le problème – qui sera d'ailleurs reconnu *a posteriori* par le FMI, par la voix de Christine Lagarde – est que les plans de sauvetage sont mal calibrés, notamment car la puissance du multiplicateur budgétaire a été sous-estimée en période de crise.

En janvier 2015, le parti Syriza gagne les élections législatives sur un programme anti-austérité. Une sortie de la Grèce de la zone euro – une possibilité pourtant non prévue par les traités – se pose avec de plus en plus d'empressement. Un référendum, soumis au peuple en juillet sur le plan d'austérité proposé par le FMI, la BCE et la Commission européenne, est rejeté à 61 %. Une semaine plus tard, un nouveau plan est signé entre le gouvernement grec et les autres États membres. À la même période, un document du ministère des Finances allemand propose une « sortie temporaire [de la Grèce] de la zone euro », pour une période de cinq ans minimum, qui ne prospérera pas. Au total, 326 Mds € d'aides auront été apportés au pays par ses différents créanciers.

Les séquelles de la crise sont toujours perceptibles : la note souveraine de la Grèce est repassée de la catégorie *junk bond* (« obligation pourrie ») à *investment grade* (catégorie investissements) en 2023 seulement. Le PIB reste inférieur de 20 % à son niveau de 2007 – contre un niveau en moyenne supérieur de 12 % pour la zone euro. Bonnes nouvelles cependant : la Grèce est aujourd'hui en excédent budgétaire, et a retrouvé le chemin de la croissance*. La dette publique est redescendue de 210 à 160 % du PIB et diminue rapidement ; elle devrait redescendre en dessous des 140 % – et de l'Italie – d'ici 2027.

La crise grecque a été une épreuve difficile pour la zone euro, mais la Grèce a réussi à montrer sa résilience à cette occasion, et sa capacité d'action. Pour preuve, malgré les plans d'austérité, le soutien à l'euro reste très fort en Grèce : 76 % y sont favorables, contre seulement 18 % contre.

€

GUERRE (DES MONNAIES)

Si comme le dit l'aphorisme, « L'Europe, c'est la paix », cela n'a pas forcément été le cas au niveau économique. Entre la création de la CEE en 1957 et la fondation de l'euro, les pays européens ont pu faire preuve d'une certaine « compétitivité » à l'égard de leurs monnaies respectives. Comment cela ? En modifiant leur taux de change*.

La « guerre des monnaies » ou « guerre des changes », selon l'expression d'un ancien ministre des Finances brésilien, Guido Mantega, est une situation dans laquelle les pays participant au commerce international mettent en place des politiques dites de dévaluation « compétitive ». Celle-ci consiste à faire baisser le taux de change de sa monnaie à un niveau plus faible de ce qui est attendu par rapport aux fondamentaux économiques (croissance, inflation, taux de chômage…), dans l'objectif de favoriser la compétitivité du pays, et donc les exportations. Elle est différente de la dépréciation, qui est une baisse du cours de la monnaie sur le marché des changes, par la loi de l'offre et de la demande, mais ne relève d'une décision institutionnelle, au contraire de la dévaluation.

Une monnaie plus « faible » rend plus facile l'achat de produits par les étrangers. Elle permet aussi de relancer les achats de produits fabriqués localement par les ménages, les produits étrangers coûtant, en miroir, plus cher, mais en faisant diminuer le pouvoir d'achat. Cela enclenche un cercle vertueux de consommation, de croissance, d'emploi, et donc de recettes publiques. C'est notamment cette politique qui permet d'accompagner les « miracles économiques » allemand et japonais dans les années 1950 et 1960.

La mise en place du Serpent monétaire européen* en 1972 vise à prévenir la constitution d'une boucle de dévaluations entre pays européens, et d'un risque « d'attaques » contre la monnaie de l'un d'entre eux par la spéculation : on convertit une monnaie X estimée surévaluée (par exemple la lire italienne) en une monnaie Y considérée comme sous-évaluée (par exemple le mark allemand) ; au départ, la banque centrale intervient pour maintenir la parité, en piochant dans ses réserves (la Banque d'Italie va revendre du mark pour racheter de la lire). Toutefois, une fois les réserves épuisées, l'État se voit obligé de dévaluer sa monnaie, ne pouvant plus empêcher sa dépréciation. Le spéculateur empoche alors un gain égal au pourcentage de la dévaluation. Le mécanisme européen, dans lequel l'ensemble des banques centrales intervient pour maintenir la parité « par les deux bouts », permet de limiter les attaques contre une monnaie faible.

Aujourd'hui, avec la parité définitive atteinte grâce à l'euro, il ne peut y avoir d'attaques contre un pays en particulier. La « guerre des monnaies » continue pourtant en coulisses – la Chine contrôle ainsi le niveau du yuan dans l'objectif de maximiser ses exportations – voire au grand jour : la Suisse intervient ainsi franchement pour limiter l'appréciation de son franc, notamment face à l'euro.

€

GUIDAGE PROSPECTIF

Le guidage prospectif – ou *forward guidance* en anglais – consiste, pour une banque centrale, à communiquer aux marchés des informations sur la politique monétaire et à s'engager, par exemple concernant l'évolution des taux directeurs. Une communication claire et précise permet en effet d'ancrer les anticipations des agents économiques (banques, entreprises, ménages) et de mieux évaluer leurs décisions d'investissement (→ Crédibilité).

Le guidage prospectif est un outil relativement récent chez les banquiers centraux ; on se souvient de la phrase d'Alan Greenspan, président de la Réserve fédérale entre 1987 et 2006 : « Si je semble clair, c'est probablement que vous m'avez mal compris. » L'idée des banques centrales était alors de ne donner aucune indication afin de pouvoir s'adapter en continu à la situation économique. La paternité en revient à la Banque de Nouvelle-Zélande dans les années 1990, une nouvelle fois.

Ce guidage peut prendre deux formes hellénistiques. Le guidage *odysséen* d'abord s'inspire d'Ulysse et de son épisode avec les sirènes. Le héros choisit de se lier les mains au mât et de tenir sa promesse de ne pas céder aux chants des créatures marines, même contre sa volonté ; pour une banque centrale il s'agit de ne pas s'engager à modifier ses taux directeurs* tant qu'une variable – l'inflation sous-jacente par exemple – n'a pas atteint un certain seuil. Le guidage *delphique* cherche, lui, à prédire le futur, mais ne comporte pas d'engagement ferme ; il se contente de donner de vagues précisions – comme la Pythie de la ville grecque de Delphes jadis.

Au niveau européen, le premier exemple date de 2013, avec un engagement à maintenir des taux directeurs bas pour une période prolongée (un exemple de guidage « delphique »). Cet outil n'est plus utilisé depuis 2022, à la suite du choc inflationniste, qui rend plus difficiles les prévisions de moyen terme.

€

INDÉPENDANCE

Pour assurer la crédibilité* d'une banque centrale, rien n'a été aussi efficace que de lui accorder son indépendance. Ce qui semble évident aujourd'hui ne l'a pourtant pas toujours été ; Napoléon voulait par exemple que la Banque de France*, qu'il a lui-même fondée, « soit assez dans les mains du gouvernement et n'y soit pas trop ».

C'est sur ce principe qu'a été fondée la Bundesbank en 1957, pour l'éloigner du pouvoir politique – qui peut avoir intérêt à une plus forte inflation, surtout si elle est inattendue, qui dope la production en diminuant les coûts de main-d'œuvre, puisque les salaires mettent du temps à s'adapter. Ainsi, lors de la création de la monnaie unique, l'indépendance de la Banque centrale européenne à l'égard du pouvoir politique était un prérequis indispensable notamment pour l'Allemagne.

Celle-ci recouvrait en fait deux volets : d'abord, l'indépendance accordée dans les traités à la BCE, à l'article 130 du TFUE : « Dans l'exercice des pouvoirs et dans l'accomplissement des missions et des devoirs qui leur ont été conférés par les traités et les statuts du SEBC et de la BCE, ni la Banque centrale européenne, ni une banque centrale nationale, ni un membre quelconque de leurs organes de décision ne peuvent solliciter ni accepter des instructions des institutions, organes ou organismes de l'Union, des gouvernements des États membres ou de tout autre organisme. »

Ensuite, avec l'indépendance accordée aux banques centrales des États membres à cette occasion, à rebours de l'histoire et de la tradition de certaines d'entre elles. La Banque de France* est notamment devenue indépendante – pour ce qui concerne la politique monétaire – avec la loi du 4 août 1993 et l'article L. 141-1 du Code monétaire et financier : « La Banque de France, en la personne de son gouverneur ou de ses sous-gouverneurs, ne peut ni solliciter ni accepter d'instructions du Gouvernement ou de toute personne. »

Les résultats ont été immédiats : l'inflation*, en France, a été bien mieux maîtrisée à partir de cette date. Le taux moyen annuel de la hausse des prix depuis 1993 est de 1,5 % – malgré un rebond depuis 2022 – contre 9 % pour les années 1970 et 7,3 % pour les années 1980.

« L'indépendance n'est pas un état des choses, c'est un devoir » rappelait Vaclav Havel, ce qui est entièrement le cas pour les banques centrales de la zone euro quant à la maîtrise de l'inflation et au respect de leur mandat.

€

INFLATION

L'inflation se définit comme la hausse durable et généralisée des prix des biens et des services. Ainsi, en cas d'inflation, une même quantité de monnaie ne permet plus d'acheter autant de choses – le pouvoir d'achat diminue.

Les effets négatifs de l'inflation « non anticipée » sont donc assez évidents : un brouillage des prix qui perturbe les choix de consommation ou d'investissement et aboutit donc à une mauvaise allocation des ressources. Les taux d'intérêt augmentent et une spirale inflationniste peut se mettre en place avec des hausses de salaires et de prix incontrôlées. L'inflation devient alors exponentielle. Cela a été le cas dans l'Allemagne des années 1930, mais aussi, juste après la guerre, du pengő hongrois, avec une période d'hyperinflation lors de laquelle les prix doublaient… toutes les quinze heures ! Le plus gros billet avait alors une valeur faciale de mille milliards de milliards de pengő, soit 1 suivi de vingt et un 0.

Au contraire, la zone euro a parfaitement réussi à maîtriser l'inflation depuis sa création. C'est même presque l'inverse qui aurait pu être un problème. En effet, le taux d'inflation considéré comme adapté pour l'économie est de 2 % par an : cela donne un peu de marge par rapport à la déflation, permet de gommer certaines rigidités nominales, et ne rogne que très peu le pouvoir d'achat des ménages. Surtout, une inflation stable permet d'anticiper les coûts futurs de manière prévisible, donc d'investir et de créer des emplois, participant ainsi à la croissance de la richesse nationale.

Or, entre 2013 et 2021, l'inflation était nettement inférieure à 2 %, puisqu'elle a été en moyenne de 0,84 %. En quoi est-ce un problème ? La déflation était alors proche. Or, si les prix baissent durablement, les ménages et les entreprises ont tendance à reporter leurs achats, en anticipant de nouvelles baisses de prix ; les entreprises vendent moins, licencient du personnel, ce qui diminue les salaires et les possibilités de consommation, et tire les prix vers le bas… La spirale déflationniste est enclenchée, comme cela a pu être observé lors des années 1930. Pour l'éviter, l'Eurosystème* a alors mis en place des outils dits « non-conventionnels » pour relancer l'inflation (→ Politique monétaire).

€

INNOVATION

L'euro a été une révolution pour l'UE, et a aussi permis de nombreuses innovations pendant vingt-cinq ans. Ainsi, les billets libellés en euros sont le résultat de nombreuses innovations technologiques destinées à lutter contre la contrefaçon, avec une attention particulière portée aux signes de sécurité*. Elles visent à les rendre plus durable, par exemple avec le procédé GREEN qui supprime un chrome toxique dans la fabrication du revêtement des plaques de nickel utilisées pour l'impression des billets en taille-douce.

Pour ce qui touche aux paiements, l'innovation répond à un besoin croissant de rapidité lors des transactions, ce que permettent désormais les solutions de paiements instantanés, grâce à la création d'un nouveau standard de virement (SCT-Inst). Les nouvelles technologies, à l'instar de la « chaîne de blocs » (*blockchain*), dont la Banque de France a été précurseur dès 2017 avec le projet MADRE pour les règlements SEPA, sont porteuses de grandes opportunités. Ainsi, de nombreux projets sont menés par l'Eurosystème avec d'autres banques centrales (Singapour, Suisse, Royaume-Uni), parfois sous l'égide de la Banque des règlements internationaux (BRI), voire avec des acteurs privés, afin d'améliorer le fonctionnement des marchés financier grâce à la technologie *blockchain*.

La technologie *blockchain* permet aussi le développement de la tokenisation de la finance, autrement dit l'enregistrement et l'échange d'actifs financiers (actions, obligations ou même de l'or) sur *blockchain*. Cette innovation crée des risques que l'Eurosystème va encadrer, notamment avec la mise en place du règlement MiCA progressivement à partir de 2024, pour imposer des règles aux crypto-actifs comme le bitcoin.

Enfin, l'innovation consiste pour l'Eurosystème à s'adapter aux citoyens, en permettant par exemple l'usage d'une forme dématérialisée de l'euro fiduciaire : l'euro numérique*.

€

INSTITUT MONÉTAIRE EUROPÉEN

Préfigurateur de la BCE*, l'Institut monétaire européen (IME) est une institution « temporaire » de l'UEM, opérant lors de la deuxième phase de la création de la monnaie unique. Créé en 1994, l'IME remplace le Comité des gouverneurs et le Fonds européen de coopération monétaire, avec l'objectif de poursuivre l'intégration monétaire de l'Union. Son premier président est Alexandre Lamfalussy, remplacé en 1997 par Wim Duisenberg*, qui sera ensuite le premier président de la BCE.

S'il dispose de la personnalité juridique, il n'a pas autant de pouvoirs que la BCE : ainsi, il ne peut décider de la politique monétaire, qui reste alors à la main des banques centrales nationales, et ne peut intervenir sur le marché des changes.

Son rôle est toutefois important, avec surtout un champ d'action très large. Il vise ainsi à renforcer la coordination entre les banques centrales pour la future création du

SEBC, à assurer la stabilité financière, à améliorer les paiements transfrontaliers, à définir une future politique monétaire commune. L'IME disparaît le 1er juin 1998, remplacé par la BCE.

€
INTERNATIONAL

L'euro joue depuis sa création un rôle important dans le système monétaire international : il en est la deuxième monnaie la plus importante, après le dollar*. Monnaie officielle de vingt États, 60 pays ont directement ou indirectement rattaché leur monnaie à l'euro.

Ainsi, en 2022, l'euro représente plus de 20 % des réserves de change (58 % pour le dollar), et est utilisé dans 30 % des transactions sur le marché des changes (90 % pour le dollar – comme le marché des changes implique deux devises, il se comptabilise sur 200 %). En 2022 toujours, la part des paiements effectuée en euros dans le monde était de 31,6 %, contre 47,6 % pour le dollar et 3,8 % pour le yen japonais, en troisième position. 60 % des exportations de la zone euro à destination de pays tiers sont facturés en euros. Autre signe, environ 40 % des billets* en euros produits en France circuleraient en dehors de la zone euro.

Accroître la part de l'euro à l'international présenterait de nombreux avantages. En donnant un accès large aux marchés financiers, une internationalisation diminuerait les taux d'intérêt et faciliterait le financement des transitions numérique et écologique. Elle renforcerait aussi l'influence de l'UE dans le monde, ainsi que la résilience du système monétaire international, en donnant aux marchés un autre choix que le dollar, en cas d'attaque ou d'indisponibilité de cette devise. Elle permettrait enfin de supprimer complètement le risque de change pour les agents économiques européens, ainsi que les coûts de transaction. Ce mouvement est déjà en cours : entre 2018 et 2020, la part des contrats de fourniture de gaz libellés en euros est passée de 38 à 64 %.

Pour y parvenir, la coopération entre banques centrales et une diplomatie économique volontariste – par exemple avec une assistance technique pour faciliter l'accès d'autres États à l'euro – sont des pistes à explorer. L'émission d'une obligation européenne, équivalente au *Treasury* américain, permettrait aussi aux marchés de mieux diversifier leurs avoirs en euros avec une grande profondeur de marché.

€

JIMENEZ (JOAQUIN)

S'il n'est certainement pas l'artiste le plus célèbre, ses œuvres sont pourtant connues – et possédées – par tous les Français. Né à Saumur en 1956, Joaquin Jimenez est le graveur à l'origine de la face nationale française des pièces* d'euro. En l'espèce elle a connu deux versions : la première, « l'Arbre étoilé » frappé à partir de 1999, évoque la vie et la croissance, avec un arbre au centre d'un hexagone représentant la France. La devise de la République « Liberté, égalité, fraternité » l'entoure.

La seconde, « l'arbre de vie », mêle à la fois des branches de chêne et d'olivier qui symbolisent la force, la solidité et la paix. La devise républicaine figure directement dans les rameaux, et l'hexagone est aux bords de la pièce.

Après des études de lettres et de Beaux-arts, Jimenez commence sa carrière dans le secteur privé, dans des entreprises de création de médailles, et remporte notamment le concours pour le design de la pièce de 10 francs « Coq et Marianne », qui sera éditée en 1986. Il rejoint la Monnaie de Paris* en 2008 en tant que directeur de la création. En 2020, il devient le 27e graveur général des monnaies, fonction créée par Henri III en 1547. Ce titre, supprimé en 2001, a été rétabli spécialement pour faire honneur à sa contribution exceptionnelle à l'histoire monétaire de la France.

€

KALINA (ROBERT)

Graphiste autrichien, Robert Kalina est le designer des premières coupures de l'euro. Né en 1955 à Vienne, il est formé à l'Institut des arts graphiques de la capitale autrichienne. Il entre à la Banque nationale d'Autriche en 1976, pour laquelle il dessine notamment les deux derniers billets émis en schillings.

Il remporte le concours lancé par l'Institut monétaire européen* en 1996 sur le thème « Époques et styles en Europe », évoquant la géographie et l'histoire de l'architecture* du continent européen, face à plus d'une quarantaine de concurrents. La difficulté, posée dans le cahier des charges par l'IME, consiste en la volonté de ne favoriser aucun pays. Elle sera finalement résolue par Kalina par l'invention des ponts, portes et fenêtres représentés sur les différents billets, qui représentent les valeurs de l'Union que sont l'ouverture, la transparence et le regard vers le futur, ainsi qu'une volonté de construire quelque chose de nouveau.

Pour la deuxième série de billets, « Europe* », qui s'inspire fortement du design originel de Robert Kalina, un graphiste indépendant originaire de Berlin, Reinhold Gerstetter, remporte le nouveau concours de graphisme.

€

LAGARDE (CHRISTINE)

Christine Lagarde est née en 1956 à Paris, de deux parents professeurs. Adolescente, elle découvre la natation synchronisée qu'elle pratique à haut niveau. La discipline l'aide encore dans sa vie professionnelle, dit-elle, notamment pour la coordination et le travail collectif, mais aussi pour savoir comment « retenir sa respiration » en cas de crise* économique.

Après avoir obtenu une bourse qui lui permet de passer une année aux États-Unis, elle est diplômée de l'Institut d'études politiques d'Aix-en-Provence en 1977, puis de deux maîtrises (anglais et droit des affaires) et d'un DESS en droit social à l'université Paris X-Nanterre.

Elle devient avocate au barreau de Paris en 1981, au cabinet Baker-McKenzie, un des plus importants cabinets mondiaux. Elle en gravira tous les échelons jusqu'à devenir présidente du comité exécutif mondial, étant à la fois la première femme et la première non américaine à ce poste.

En avril 2005, elle rejoint le conseil de surveillance de la banque néerlandaise ING, qu'elle quittera rapidement : elle est nommée ministre déléguée au Commerce extérieur du gouvernement de Dominique de Villepin quelques mois plus tard. Elle sera brièvement ministre de l'Agriculture et de la Pêche en 2007, avant de devenir ministre de l'Économie, des Finances et de l'Emploi du gouvernement Fillon ; elle est alors, à nouveau, la première femme à occuper cette fonction.

En 2011, elle prend la tête du Fonds monétaire international, où elle doit immédiatement gérer la crise grecque et le deuxième plan d'aide du pays. Elle est reconduite pour un nouveau mandat de cinq ans en 2016, qu'elle ne mènera pas à son terme.

Elle est nommée présidente de la Banque centrale européenne* en octobre 2019, pour un mandat de huit ans, étant, là encore, la première femme à exercer cette charge. Elle poursuit la politique monétaire accommodante de la BCE, tout en affirmant rapidement sa volonté que l'institution participe de manière plus active à la lutte contre le changement climatique*.

€

LANGUE(S)

Si l'Union européenne compte vingt-quatre langues officielles, l'euro n'en a que trois, ou dix, selon les décomptes.

Le nom de la monnaie – l'euro – apparaissait à l'origine dans deux alphabets : latin (EURO) et grec (ΕΥΡΩ). Sur les billets* de la deuxième série, avec la perspective de l'adhésion de la Bulgarie à terme au sein de la zone euro, le pays ayant rejoint l'UE en 2007, le nom apparaît aussi dans l'alphabet cyrillique (ЕВРО).

Les initiales de la Banque centrale européenne*, quant à elle, sont énoncées dans neuf langues pour les billets de 5, 10 et 20 € de la deuxième série, et jusqu'à dix langues pour les autres coupures (50, 100 et 200 €) émises un peu plus tardivement, cela en raison de l'adhésion de la Croatie à l'UE en 2013, qui avait vocation à rejoindre la monnaie unique – cela a été le cas en 2023.

Les sigles de la Banque centrale européenne, à l'extrême gauche du billet, sont disposés selon l'ordre protocolaire applicable aux pays et aux langues officielles de l'UE, soit par ordre alphabétique des pays leur langue nationale. La Belgique est ainsi le premier pays dans l'ordre protocolaire. On retrouve ainsi les dix sigles suivants pour chaque pays :

- BCE : qui vaut pour la Belgique (le français étant une langue officielle), l'Espagne, la France, l'Italie, le Luxembourg (français), le Portugal et la Roumanie.
- ECB : pour la Belgique à nouveau (avec le néerlandais, autre langue officielle), la République tchèque, le Danemark, l'Irlande, la Lettonie, la Lituanie, les Pays-Bas, la Slovénie, la Slovaquie, la Finlande (suédois), la Suède et le Royaume-Uni (avant son départ de l'UE).
- ЕЦБ : la Bulgarie.

– EZB : l'Allemagne, le Luxembourg (allemand) et l'Autriche.
– EKP : l'Estonie, la Finlande (finnois).
– EKT : la Grèce, Chypre (grec).
– EKB : la Hongrie.
– BĊE : Malte.
– EBC : la Pologne.

€

MAASTRICHT

Maastricht est une ville située au Pays-Bas, à proximité de la Belgique et de l'Allemagne, dans laquelle est signé le traité qui fonde l'Union européenne, par 12 pays le 7 février 1992. L'UE remplace alors la Communauté économique européenne (CEE) instituée par les traités de Rome.

Le traité de Maastricht crée la monnaie unique, alors dénommée ECU, et prévoit la fondation de la BCE et du SEBC, dont il définit les missions et le mandat*, à savoir le maintien de la stabilité des prix.

Le traité évoque aussi les trois phases de la mise en place de l'euro : une première allant de la signature du traité à la fin de l'année 1993, avec l'instauration de la libre circulation des capitaux ; une deuxième entre 1994 et 1998 avec un renforcement de la coordination économique entre les États membres et leurs banques centrales ; et enfin une troisième de mise en circulation de l'euro et de mise en œuvre d'une politique monétaire* unique, depuis 1999.

Le traité de Maastricht fixe aussi les critères d'entrée dans la monnaie unique, les « critères de convergence », qui sont au nombre de quatre ou cinq :

1) Le taux d'inflation : le taux d'inflation de l'État membre ne doit pas dépasser de plus de 1,5 point

le taux moyen des trois États membres ayant les prix les plus stables.

2) La situation des finances publiques, elle-même subdivisée en deux sous-critères :
   a. l'interdiction d'avoir un déficit public annuel supérieur à 3 % du PIB ;
   b. l'interdiction d'avoir une dette publique supérieure à 60 % du PIB.
3) Le taux de change : chaque pays doit maintenir un taux de change stable, ce qui implique une interdiction de dévaluer sa monnaie, et l'obligation pour le candidat d'avoir participé pendant deux ans au mécanisme de change européen (le Système monétaire européen* dans les années 1990, le MCE II* aujourd'hui).
4) Le taux d'intérêt de long terme : celui-ci ne doit pas être supérieur de plus de deux points à ceux des pays ayant l'inflation la plus faible – les mêmes que pour le premier critère (c'est ce qui est couramment appelé le *spread* des taux d'intérêt).

€

MAISON

Si l'Europe est notre « maison commune », pour reprendre l'expression de Gorbatchev, elle a été pendant longtemps assez abstraite, avant la création de la CEE. Aujourd'hui, elle est une évidence, et c'est aussi le cas pour l'euro. Cela d'autant plus qu'une Maison de l'euro existe réellement depuis peu. Située à Bruxelles, rue de la Science, à proximité des institutions européennes, il s'agit d'un espace dans lequel sont regroupées les représentations de plusieurs banques centrales de l'Eurosystème.

Les 900 m^2 accueillent ainsi depuis novembre 2023 les représentations permanentes de la BCE et de sept autres BCN (France, Allemagne, Italie, Espagne, Irlande, Malte et Slovénie), ce qui représente dix-huit personnes au total lors de son ouverture. Les visiteurs occasionnels en provenance des sièges des banques centrales représentées y sont aussi les bienvenus.

Cette Maison permet de donner une meilleure visibilité à l'Eurosystème* à Bruxelles, et de renforcer la coopération et le dialogue à la fois entre celui-ci et les autres institutions européennes, mais aussi entre les banques centrales de la zone euro.

William Hague, ancien secrétaire d'État pour les Affaires étrangères britannique, avait fait référence en 2011 à l'euro comme à une « maison en flammes sans issue ». Heureusement que l'euro a déjà prouvé sa capacité à éteindre les incendies !

€

MANDAT

La BCE – et les BCN – exerce un mandat dit « dual hiérarchique » ; avec une primauté pour la stabilité des prix, c'est-à-dire le maintien de l'inflation* à un niveau proche de 2 %. Jusqu'en 2021, le niveau optimal était défini comme « proche, mais inférieur » à 2 %, jusqu'à l'instauration d'une cible symétrique (en cas d'inflation un peu plus basse que 2 %, elle peut dépasser temporairement cette valeur).

Une fois la stabilité monétaire assurée, l'Eurosystème* s'est vu confier un objectif de « soutien aux politiques économiques générales dans l'Union européenne » (article 127 du TFUE). Ce soutien porte sur des thématiques larges telles que le « plein-emploi », une « croissance économique équilibrée », un « niveau élevé de protection et d'amélioration de la qualité de l'environnement » ou encore la « stabilité du système financier ».

Cette hiérarchie claire permet à l'Eurosystème d'utiliser avec efficacité les outils dont il est doté, respectant en cela la fameuse « règle de Tinbergen » selon laquelle, pour toute politique économique, le nombre d'instruments doit être au moins égal au nombre d'objectifs visés.

La question de savoir si le climat entre dans le mandat des banques centrales appelle une réponse claire : par leur impact sur la stabilité financière mais aussi sur l'inflation, il est à présent évident qu'elles doivent agir pour limiter le dérèglement climatique.

Le mandat de toutes les banques centrales n'est pas forcément identique : ainsi, pour la Réserve fédérale américaine, la stabilité des prix est placée au même niveau que le plein-emploi – ce qui explique peut-être les meilleurs résultats américains en termes de chômage… mais aussi leur moins grande réussite dans la lutte contre l'inflation.

€

MARCHÉ UNIQUE

Le marché unique de l'Union européenne est le plus grand marché au monde. Il a permis de favoriser la croissance, l'emploi, l'innovation et la convergence au sein de l'Union, remplissant ainsi les objectifs qui lui étaient assignés à sa création.

Il est l'héritier du marché commun de la Communauté économique européenne, entré en vigueur dès 1968 ; il devient officiellement le « marché unique » à partir du 1er janvier 1993, après la réforme de l'Acte unique européen de 1986, puis le « marché intérieur » après le traité de Lisbonne en 2009. Ce traité transforme profondément le marché en mettant en œuvre près de 300 mesures pour supprimer en cinq ans les barrières non tarifaires faisant obstacle à son achèvement (barrières physiques, techniques ou fiscales, voire institutionnelles, en introduisant plus de décisions à la majorité qualifiée au Conseil de l'Union européenne).

Il compte en 2023 27 pays, pour 450 millions d'habitants et 23 millions d'entreprises. Il se fonde sur quatre « libertés fondamentales » que sont la libre circulation des marchandises, des services, des capitaux et des personnes, mentionnées dès le traité de Rome. Il est complété par une union douanière, autrement dit la suppression des droits de douane internes, mais aussi d'une politique commerciale extérieure commune.

Pour garantir son bon fonctionnement, l'adoption de règles de concurrence a été indispensable, de même qu'une harmonisation réglementaire sur les standards de qualité – avec un principe de reconnaissance mutuelle –, les normes environnementales, la reconnaissance des diplômes et des qualifications professionnelles... Ces règles permettent d'offrir de meilleures possibilités d'emploi et un choix plus large aux consommateurs, tout en garantissant la qualité des produits.

L'euro, en permettant à tous les membres d'échanger facilement, sans crainte du risque de change, vient parachever le marché unique.

€

MCE II

Le mécanisme de change européen, deuxième du nom – d'où le sigle « MCE II » – est une sorte de « salle d'attente » avant d'entrer dans la zone euro. Il remplace le mécanisme de change européen (MCE), qui est mis en place lors des dernières années du Système monétaire européen* ; tous les États membres de l'UE y participaient alors, même ceux ne souhaitant pas rejoindre la monnaie unique en gestation. À la création de l'euro, la Suède et le Royaume-Uni n'ont pas rejoint le MCE II alors qu'ils étaient pourtant tenus de le faire par les traités.

Aujourd'hui, le MCE II compte deux membres : le Danemark, qui a refusé d'adhérer à l'euro dès 1993 et bénéficie d'une clause dite d'« *opting-out* » depuis 1999, et la Bulgarie, depuis 2020.

Pour entrer dans la zone euro, il est obligatoire pour chaque État de passer au minimum deux ans dans le mécanisme, en plus des autres critères de convergence (→ Maastricht). Le principe est simple : un cours « pivot » – un taux de change de référence – est défini face à l'euro. La banque centrale doit ensuite maintenir un taux de change au sein d'une marge de fluctuation de plus ou moins 15 %, sans recourir à la dévaluation.

Pour la Bulgarie, le cours pivot est ainsi de 1 euro pour 1,95583 Lev, avec un cours maximum à 2,24920 et minimum à 1,66246.

Le Danemark, quant à lui, a lié sa couronne encore plus fortement à l'euro, avec une marge de fluctuation de « seulement » 2,25 %.

En théorie, les autres pays de l'UE sont censés rejoindre le MCE II, puis la zone euro. Cela concerne notamment les « nouveaux » États membres de l'est du continent : Hongrie, Pologne, République tchèque et Roumanie. Si la dernière a exprimé une volonté de rejoindre la monnaie unique rapidement, ce n'est pas le cas des autres États, qui préfèrent pour l'instant conserver leurs monnaies (→ Vingt).

La Suède est un cas à part : obligée en théorie de rejoindre la zone euro, et remplissant tous les critères de convergence, elle choisit sciemment de ne pas rejoindre le MCE II, afin de ne pas compléter le dernier « critère » d'adhésion.

€

MÉTAL

La monnaie* a pendant longtemps été une affaire métallique en raison d'une certaine uniformité – les atomes sont toujours les mêmes –, d'une relative rareté – surtout pour l'or ou l'argent – ou d'une utilité intrinsèque forte – le métal est utile pour fabriquer des outils. Le métal ne s'altère pas ou peu – l'argent est peu oxydable, le cuivre résiste bien à la corrosion, est malléable et 100 % recyclable. L'aspect esthétique, y compris pour les bijoux, n'est sans doute pas non plus à négliger.

Les pièces* en euros sont composées de plusieurs métaux et de divers alliages. L'or et l'argent, pourtant utilisés pendant longtemps, coûtent à présent trop cher pour de si petits montants.

Ainsi, les pièces « rouges », de 1, 2 et 5 centimes, sont composées d'acier cuivré et pèsent respectivement 2,3, 3 et 3,9 grammes. Les pièces « jaunes » de 10, 20 et 50 centimes – chères à Bernadette Chirac – sont composées d'un alliage appelé « or nordique », contenant 89 % de cuivre, 5 % d'aluminium, 5 % de zinc et 1 % d'étain. Elles pèsent 4,1, 5,7 et 7,8 grammes.

Enfin, les pièces de 1 et 2 €, sont bicolores, mais inversées : l'intérieur de la pièce de 1 € est blanc argenté, alors qu'il s'agit de la couronne externe de la pièce de 2 €, et l'extérieur jaune doré de l'euro se retrouve à l'intérieur de la plus grosse pièce. Le jaune doré est le résultat d'un alliage de laiton de nickel appelé « maillechort », dont la composition est de 75 % de cuivre, 20 % de zinc et 5 % de nickel. Le blanc argenté provient, lui, du cupronickel, un alliage de 75 % de cuivre et de 25 % de nickel. Ces pièces pèsent 7,5 et 8,5 grammes.

En outre, si les « petites » pièces ont une tranche lisse, les pièces jaunes ont des cannelures larges dénommées « festons » et les pièces de 1 et 2 € des stries fines voire des gravures. Si cela peut donner un aspect décoratif à la pièce, il s'agit surtout d'un produit de l'histoire : lorsque les pièces étaient en métal précieux, elles étaient « rognées » par les usagers, pour récupérer un peu de métal. Aujourd'hui, cela sert surtout à rendre la copie plus difficile, donc plus chère et moins rentable, et à permettre aux personnes malvoyantes de mieux identifier la valeur de la pièce.

Chaque alliage dispose enfin de sa propre signature électromagnétique, ce qui permet aux distributeurs de pièces – qui utilisent aussi les données de taille et de poids – de mieux détecter les pièces qui y sont déposées ou rendues.

€
MONNAIE

Le terme « monnaie » provient de la déesse romaine Junon *Moneta* (un dérivé de *monere*, qui signifie « avertir »), dans le temple de laquelle, à partir de – 269 av. J.-C., les pièces étaient frappées pour la République romaine.

On dit souvent que « la monnaie est ce qu'elle fait » (Francis Walker), et on peut la définir grâce à une approche dite « fonctionnaliste », utilisée depuis Aristote. Dans son *Éthique à Nicomaque*, le philosophe expose trois fonctions permettant de déterminer si un instrument est, ou non, une monnaie ; fonctions que remplit évidemment l'euro.

L'euro est d'abord une unité de compte : il est utilisé pour exprimer le prix des biens et services et permet de les comparer facilement entre eux. Ainsi, un euro est une unité monétaire, une unité de mesure, une référence pour donner une valeur, comme peut l'être un mètre pour une longueur ou un gramme pour une masse.

Il est ensuite un intermédiaire des échanges : puisque chaque bien peut être exprimé par une certaine quantité de monnaie, cette dernière peut être utilisée pour conclure une transaction. Et ce, quelle que soit la forme qu'elle adopte : monnaie fiduciaire, scripturale (la monnaie « écrite » sur les comptes bancaires) ou électronique (une « valeur monétaire stockée sous une forme électronique » selon le Code monétaire et financier, sur un support séparé d'un compte bancaire). Indépendamment aussi du moyen de paiement utilisé : billets et pièces pour le fiduciaire, chèque, virements, carte bancaire ou même téléphone pour le scriptural.

L'euro est enfin une réserve de valeur : il peut être thésaurisé, pour être utilisé plus tard, et n'a pas de « date de péremption », particulièrement quand la stabilité des prix est assurée. La monnaie est ainsi un « lien entre le présent et le futur », comme le disait Keynes.

La monnaie est un instrument indispensable à la bonne marche de l'économie : dans une économie de troc (bien que de telles sociétés n'aient probablement jamais existé), les échanges sont bridés par une « double coïncidence des désirs » ; il faut que les deux agents échangent des biens ou des services de même valeur – ce qui est difficile à déterminer – mais aussi souhaités par les deux parties.

€

MONNAIE DE PARIS

La Monnaie de Paris a été créée dès 864 par Charles le Chauve avec l'édit de Pîtres, ce qui en fait la plus ancienne des institutions françaises. L'objectif est alors de « battre monnaie » au niveau royal, afin d'unifier le pays, chaque seigneur émettant alors sa propre monnaie.

La Monnaie de Paris assure la frappe des monnaies françaises – et d'autres pays de la zone euro ou liés à elle comme Malte, Chypre, Monaco ou Andorre – et produit aussi des devises étrangères, avec environ 500 millions de pièces en euros et 500 millions destinés à l'exportation. Bien que née à Paris, son usine principale est aujourd'hui située à Pessac, près de Bordeaux, depuis 1973.

Elle fabrique aussi des pièces de collection, en métaux précieux (or et argent), des médailles commémoratives – ainsi que celles des Jeux olympiques en 2024 – ou les décorations officielles comme la Légion d'honneur.

Elle gère aussi un musée, situé dans l'Hôtel de la Monnaie, qui présente le savoir-faire plus que millénaire de l'institution.

Chargée de produire les euros, elle a la responsabilité de la « face nationale » des pièces, et de son évolution – un événement rare, puisque permis seulement tous les quinze ans. Ainsi, les pièces jaunes qui utilisaient la célèbre Semeuse d'Oscar Roty, déjà utilisée sur les francs, seront bientôt remplacées par trois femmes d'exception de l'histoire française : Simone Veil, Joséphine Baker et Marie Curie.

€

MONSIEUR / MADAME EURO

Lors des années précédant ou suivant la création de la monnaie unique, la question de savoir quelle serait la personnalité responsable en dernier ressort de la monnaie unique s'est posée avec force. Qui était « Monsieur ou Madame Euro » ? Plusieurs personnes peuvent en effet prétendre à ce titre : le président de la BCE* ? Le commissaire européen aux Affaires économiques et financières ? Le président du Conseil ECOFIN* ? Le président de l'Eurogroupe* ?

Des tensions se font notamment jour dès 2000, avec une intervention multilatérale sur le marché des changes. La BCE n'avait alors pas demandé la permission d'effectuer des opérations, considérant, par la voix de son président Duisenberg, que le Conseil ECOFIN « oriente la politique de change », mais que la gestion pratique « est l'affaire de la BCE ».

Didier Reynders, en 2001, alors président de l'Eurogroupe, propose même un « Haut représentant de l'Union » pour la monnaie unique, calqué sur le modèle de « Monsieur PESC » pour la politique extérieure et de sécurité commune. Il aurait été chargé de défendre les intérêts de la monnaie unique dans les enceintes internationales que peuvent être le G7 ou encore le FMI. L'idée fera long feu, face aux critiques virulentes des autres potentiels « tenants du titre », en premier lieu Wim Duisenberg* à nouveau, notamment au nom de l'indépendance de l'institution qu'il préside.

Aujourd'hui, après plusieurs années de pratique des institutions, il n'y a plus de doute : c'est bien Christine Lagarde*, la présidente de la Banque centrale européenne, qui est « Madame Euro ».

€
NOM

À l'instar du « Nom de pays : le nom » proustien, le nom de la monnaie unique a lui aussi fait couler beaucoup d'encre.

Plusieurs noms ont ainsi été envisagés : « écu », « ducat », « couronne » ou même « florin » voire « livre ». Finalement, le vocable « euro » sera choisi lors du sommet européen de Madrid, le 15 décembre 1995, en moins de deux heures. La légende dit que l'heure proche du déjeuner rendit les débats plus concis. António Guterres, alors Premier ministre portugais, en profite pour paraphraser… Jésus : « Euro, tu es l'euro, et sur l'euro, nous édifierons l'Union européenne. »

Les débats n'ont, en effet, pas été des plus sereins. Dès le traité de Maastricht, la France œuvre pour que ce soit « l'écu », qui soit choisi : en sigle, il s'agit de l'*European currency unit* (unité monétaire européenne), mais aussi – surtout ? – d'une ancienne monnaie française. Helmut Kohl, chancelier allemand, ne l'accepte pas et refuse cette appellation pour deux raisons. Une officielle : « écu » sonne un peu trop bovin (*die Kuh* signifie « la vache » en allemand). L'autre officieuse : l'ECU, utilisé dans le cadre du Système monétaire européen*, est un instrument que Kohl estime « dévalué », celui-ci ayant perdu près de 40 % de sa valeur par rapport au mark. Hans Dietrich Genscher, ancien ministre des Affaires étrangères allemand, avait proposé en 1992 une autre solution : simplement ajouter le préfixe « euro » devant chaque monnaie (euromark, eurofranc, etc.). L'idée est encore bien vivante au moment du Conseil de Madrid, mais elle suscite un rejet fort des Français, qui craignent que la partie « euro » ne disparaisse rapidement au profit du simple « mark ».

À Madrid, l'écu, toujours porté par la France – 71 % des Français se déclarent en sa faveur –, est vite éliminé, ce que Jacques Chirac considère alors comme « une faute ». John Major, Premier ministre britannique – et refusant donc de participer à la monnaie unique – proposera tout de même quelques idées : « ducat », ou « florin ». Il explique, pour ce dernier, que cette monnaie a circulé un peu partout en Europe, y compris en France, et plus spécifiquement en Aquitaine au début du XIIIe siècle, à la suite d'une émission faite par le roi Jean sans Terre. Pour John Major, cette explication historique aurait été à même de « rassurer Jacques Chirac » – commentaire volontairement perfide ?

Ce sera en fin de compte l'Espagnol Felipe González qui prendra la parole pour proposer l'euro « tout court », sans suffixe. Malgré de rapides protestations grecques (« euro » s'apparentant un peu trop homophoniquement à *oura*, soit « urine » dans la langue hellène), et presque faute de mieux, cette proposition est finalement retenue.

€

NOUY (DANIÈLE)

Danièle Nouy est née en 1950 à Rennes, et découvre très vite l'univers des banquiers centraux, puisque son père travaille à la Banque de France*. Son nom de jeune fille est « Police », ce qui la prédestinait sans doute à devenir la « gendarme des banques » de l'ensemble de la zone euro !

Après des études à Sciences Po Paris et une licence de droit à la Sorbonne, elle commence sa carrière à la Société générale à Bordeaux, où elle cherche à entrer à l'Inspection générale, la voie royale. Elle ne pourra le faire : le concours est alors interdit aux femmes. Être une des « trois vieilles » n'aura jamais été aussi visible... Danièle Nouy entre alors à la Banque de France en 1974, suivant les traces paternelles.

Pendant ses premières années professionnelles, elle intègre la Commission de contrôle des banques entre 1976 et 1985. À cette date, elle part à New York comme représentante de la Banque de France. Elle en gardera un goût pour l'international, qu'elle décrit comme sa « deuxième drogue préférée »... la première étant le café !

À son retour en 1986, elle réintègre la Commission bancaire pour dix ans, avant de rejoindre le Comité de Bâle pour la supervision bancaire, d'abord en tant que secrétaire générale adjointe en 1996, puis comme secrétaire générale à partir de 1998. C'est sous sa « supervision » que les accords dits « de Bâle II » sont négociés avant d'être publiés en 2004.

En 2003, elle est nommée secrétaire générale de la Commission bancaire et présidente du Comité européen des contrôleurs bancaires entre 2006 et 2008 – qui deviendra plus tard, en 2011, l'Autorité bancaire européenne.

En 2010, après la fusion de la Commission bancaire avec l'Autorité de contrôle des assurances et des mutuelles (ACAM), elle devient secrétaire générale de la nouvelle entité, l'Autorité de contrôle prudentiel et de résolution (ACPR).

En 2014, et jusqu'en 2018, Danièle Nouy est la première présidente du conseil de supervision de la BCE, responsable du mécanisme de surveillance unique (MSU) tout juste créé.

€
NUMÉRIQUE

Les paiements se digitalisent de plus en plus, et il est important pour les banques centrales d'accompagner ces nouveaux usages, de proposer des moyens de paiement en adéquation avec les attentes des citoyens*. C'est tout l'intérêt de la monnaie numérique de banque centrale (MNBC), qui recouvre deux réalités différentes.

Ainsi, la MNBC « de détail », ou « euro numérique », serait une sorte de billet numérique : une forme d'espèces mais en version électronique, à destination des particuliers. Il permettrait d'effectuer des achats en magasin, sur Internet, et même des paiements entre particuliers. Comme le cash, il serait disponible à tout moment (même sans connexion internet), gratuit, rapide, sûr, et respectueux de la vie privée. Il aurait aussi cours légal* et serait donc accepté partout en Europe. Il n'a pas vocation à remplacer les espèces, mais à être un complément à celles-ci.

Après une phase d'investigation, le projet d'euro numérique est entré dans une phase de préparation en novembre 2023, afin d'approfondir les analyses techniques, en lien étroit avec les banques, de réaliser des expérimentations, avec par exemple des commerçants et consommateurs, et de se préparer à fournir l'architecture technique. À ce stade, aucune décision de l'émettre n'a été prise, notamment parce qu'un débat législatif pour l'encadrer a lieu au niveau européen. Il pourrait voir le jour en 2027 ou 2028.

La MNBC « de gros » (« *wholesale* »), ou interbancaire, servirait, elle, au règlement de transactions entre institutions financières. Elle fonctionnerait grâce à une technologie *blockchain*, en « tokenisant » la monnaie centrale, permettant de maintenir son rôle d'ancrage important pour la stabilité financière. Elle permettrait d'accélérer le règlement des transactions, tout en assurant la sécurité et la transparence des échanges, notamment pour les paiements transfrontières. Un ensemble d'expérimentations est réalisé depuis 2020 par la Banque de France* et se prolonge par des travaux exploratoires concernant l'Eurosystème* dans son ensemble en 2024, pour mieux comprendre comment la technologie peut permettre un meilleur financement des activités économiques en Europe.

€
OUTRE-MER

Bien qu'intimement européen, l'euro est aussi présent sur d'autres continents. L'outre-mer européen différencie les territoires en deux catégories : neuf régions ultrapériphériques (RUP) et treize pays et territoires d'outre-mer (PTOM). Les RUP font partie intégrante de l'Union européenne, et doivent respecter l'acquis communautaire, ce qui inclut la participation à la monnaie unique. Les PTOM, en revanche, ne font pas partie de l'UE, et n'ont donc pas d'obligation d'utiliser l'euro.

L'euro est ainsi présent en Amérique du Nord (Saint-Pierre-et-Miquelon, même s'il s'agit d'un PTOM lié par un accord monétaire), dans la zone Caraïbes (Antilles françaises avec la Guadeloupe et la Martinique, ainsi que Saint-Martin et Saint-Barthélemy), Amérique du Sud (Guyane), en Afrique (Ceuta et Melilla pour l'Espagne, Açores ou Madère pour le Portugal), ou dans l'océan Indien (Mayotte et La Réunion).

Pour la partie française, l'Institut d'émission des départements d'outre-mer (IEDOM) est chargé de l'émission de l'euro dans les territoires utilisant la monnaie unique, à travers ses six agences. Les départements d'outre-mer se caractérisent notamment par un usage plus important des espèces qu'en métropole, pour un rapport allant de 2 à 5 fois plus (en 2023, 3 178 € en billets circulaient par habitant en France métropolitaine contre 18 283 € en Guyane).

Cette différence s'explique notamment par un attachement culturel fort aux espèces, lié à une plus faible bancarisation, à la précarité ou à une plus forte prégnance de l'économie informelle. En outre, la circulation fiduciaire est aussi supérieure aux besoins de la population, car une partie est exportée vers les pays voisins, qui utilisent l'euro comme monnaie d'usage, même si elle n'a pas de cours légal (Brésil et Surinam pour la Guyane, Comores pour Mayotte…) mais fait office de valeur refuge.

€
PANIER

L'euro mérite d'être dans le « haut du panier », et ce à plusieurs titres. Tout d'abord, l'euro a une grande place dans les différents *paniers* de monnaies, qui sont des regroupements de devises, devenant des unités après application d'une moyenne pondérée. Ainsi, l'euro représente 29,31 % de la pondération des droits de tirage spéciaux (DTS) émis par le Fonds monétaire international, qui avaient vocation à remplacer l'or dans les transactions internationales. Les DTS ne sont pas une monnaie en soi, mais une unité de compte internationale, et peuvent être échangés contre des devises. Dans les projets de crypto-actifs de groupes privés, comme le Libra de Meta (Facebook), l'euro aurait aussi eu sa place (18 % du panier) avant son abandon en 2021.

Toutefois, c'est aussi un autre panier qui agit sur l'euro, et sur sa plus ou moins grande disponibilité. Le calcul de l'inflation* (IPCH) (→ Eurostat) dépend ainsi d'un « panier de consommation » avec douze domaines de dépenses, pondéré en fonction de la part qu'il représente dans les dépenses des ménages : ainsi, les transports représentent un peu moins de 11 % du panier IPCH, contre

3 % pour les articles d'habillement et les chaussures, et 19 % pour le logement et l'énergie.

En déterminant l'augmentation des prix sur l'ensemble de ces postes de dépenses, une inflation moyenne est calculée, qui permet d'ajuster ensuite la politique monétaire pour maintenir cet IPCH à un niveau proche de 2 %.

Ce raisonnement global peut aussi expliquer le ressenti différent de l'inflation pour les citoyens* : une augmentation de 10 % des prix de l'alimentation ne représente une augmentation de l'IPCH *que* de 1,1 point. Si dans le même temps les prix de l'énergie baissent de 6 % (le prix du litre d'essence passant de 2 à 1,88 € par exemple), alors la hausse est entièrement compensée à l'échelle globale. Idem, si le prix de l'abonnement téléphonique diminue de 30 %, l'IPCH diminue de 1 point.

Les citoyens ont toutefois plus tendance à se souvenir des hausses de prix que des baisses, des achats réguliers que des abonnements et des achats plus ponctuels (un ordinateur face à une baguette par exemple), et ils ont souvent l'impression que l'inflation est plus élevée que celle observée réellement.

€

PIÈCE

Les pièces de monnaie auraient été créées en Turquie au milieu du VIe siècle av. J.-C. par Crésus, dont la fortune est devenue proverbiale. Il faut dire qu'un fleuve présent dans son royaume charriait naturellement de l'électrum, un alliage d'or et d'argent ; le « Pactole » a lui aussi une place dans l'inconscient collectif.

Les pièces sont aussi appelées « monnaies divisionnaires » lorsqu'il s'agit de centimes, car ces pièces divisent la valeur de l'unité monétaire. Elles continuent d'être utilisées aujourd'hui : la petite monnaie est par définition plus employée pour réaliser de petits achats ou pour faire l'appoint. Comme les montants sont faibles, les usagers ont aussi tendance à y faire moins attention ; dès lors, il faut qu'elles soient plus résistantes que les billets*, qui seraient trop vite abîmés.

Au contraire des billets, émis par la Banque centrale en zone euro et qui constituent une créance sur celle-ci, les pièces sont émises directement par les Trésors nationaux, après une approbation du volume global d'émission par la BCE*.

Pour l'euro, il existe huit valeurs de pièces : 1, 2, 5, 10, 20 et 50 centimes, 1 et 2 euros. Chaque pièce comporte une face commune et une face nationale. La face commune a été dessinée par Luc Luycx, employé de la Monnaie royale de Belgique, et montre une carte de la zone euro (pièces jaunes) ou de l'Europe par rapport à l'Afrique et à l'Asie (pièces rouges).

Chaque État dispose aussi de la possibilité d'émettre deux pièces commémoratives (→ Collection) de 2 € par an, ayant les mêmes caractéristiques que celles courantes. Les dernières émises en France sont ainsi une pièce pour la Coupe du monde de rugby 2023, et, pour les Jeux olympiques de 2024, un détournement de la « Semeuse » avec des gants de boxe.

€

POLITIQUE MONÉTAIRE

La politique monétaire est une composante de la politique économique. Elle consiste principalement à fixer le prix de l'argent, ce qui va influencer les taux auxquels les banques commerciales vont financer l'économie. Elle est de la responsabilité des banques centrales, qui veillent à la stabilité des prix – une inflation* de 2 % à moyen terme. La politique monétaire se divise à présent en deux grands types d'outils : ceux qui sont dits « conventionnels » et ceux « non-conventionnels ».

Les premiers consistent en la fixation des trois taux d'intérêt directeurs*, ainsi qu'en la politique de calibrage des réserves obligatoires que doivent détenir les banques commerciales auprès de la banque centrale.

La politique monétaire conventionnelle agit à travers plusieurs canaux de transmission, avec, dans le cas d'une hausse des taux directeurs afin de diminuer l'inflation, plusieurs effets : le canal du taux d'intérêt (hausse du coût du crédit), celui du prix des actifs (dépréciation des actifs financiers émis auparavant qui réduit la richesse des agents), le taux de change (meilleure attractivité de la monnaie, ce qui diminue le prix des importations), les anticipations (la communication aide les agents à anticiper les évolutions de taux).

Les politiques monétaires non-conventionnelles ont été mises en place en Europe entre 2015 et 2021 lorsqu'au lieu de l'inflation, c'était la déflation qui menaçait la zone euro. Elles regroupent des mesures diverses comme des taux d'intérêt négatifs (faire payer les réserves excédentaires des banques pour inciter aux prêts), l'assouplissement quantitatif* (achat massif de titres financiers, notamment publics, sur le marché secondaire), le guidage prospectif* (annonces sur les futures orientations) ou l'assouplissement qualitatif (la politique d'acceptation du collatéral accepté dans le cadre du refinancement bancaire).

La politique monétaire cherche aussi, pour la zone euro, à se « verdir » en décarbonant le bilan de l'Eurosystème avec l'achat d'obligations « vertes », la prise en compte de critères environnementaux dans les opérations de refinancement, ou une meilleure évaluation de risques climatiques et leurs impacts en ce qui concerne l'inflation (→ Climat).

€

PRÉSIDENT

Le président de la BCE – ou la présidente actuellement, après trois hommes – est nommé à la suite d'un processus relativement long, ce qui doit permettre de s'assurer de la compétence du candidat mais aussi de respecter des équilibres plus politiques – alors même que le président devra ensuite être complètement indépendant.

La procédure « officielle » est définie à l'article 283 du TFUE. D'abord, les États membres de la zone euro proposent des candidats, qui doivent respecter deux critères : (1) être ressortissant d'un État membre de la zone euro, (2) posséder une autorité et une expérience reconnues dans le domaine monétaire ou bancaire.

Les candidatures sont ensuite examinées par l'Eurogroupe*, qui se met d'accord sur un nom. Comme il ne dispose d'aucun pouvoir décisionnaire, le Conseil de l'Union européenne, dans sa formation ECOFIN*, recommande officiellement un candidat. Ce choix est alors transmis au Parlement européen, qui auditionne l'aspirant banquier central, mais aussi aux gouverneurs* des banques centrales nationales de la zone euro, qui émettent un avis consultatif. Le Conseil européen (la réunion des chefs d'État et de gouvernement) statue ensuite sur la nomination, à la majorité qualifiée.

Le président est alors nommé pour un mandat de huit ans non renouvelable, tout comme les cinq autres membres du Directoire, afin de garantir leur indépendance*.

C'est ici que la coutume entre en jeu : s'il n'est pas écrit que les quatre « grands pays » de la zone euro (Allemagne, France, Italie, Espagne) doivent être représentés au sein du Directoire, ils le sont en pratique systématiquement, les deux places restantes étant réservées aux autres États membres. La politique a aussi sa place : en 2011, pour succéder à Jean-Claude Trichet, l'Allemand Axel Weber n'a pas été soutenu par la France. Cette dernière, pour obtenir le retrait de Weber, aurait même accepté une plus grande limitation de son endettement public.

La répartition des postes clés de l'Union, *Top jobs*, dont fait partie la présidence de la BCE, avec celle de la Commission européenne, du Conseil Européen, du Parlement européen et le poste de haut représentant de l'Union pour les affaires étrangères, est prise en compte. Même si ce n'est pas juridiquement prévu, ces emplois sont répartis proportionnellement entre les différentes nationalités. Avec la présence de Christine Lagarde* à la BCE, la France est plutôt bien servie sur cet aspect.

€

RÉUNIFICATION

La réunification allemande du 3 octobre 1990 est un événement historique, particulièrement en matière monétaire. C'est d'abord un cas assez rare de « fusion » monétaire, à parité plus politique qu'économique, entre le deutschemark* et l'ostmark.

Cette réunification, en faisant de l'Allemagne, de loin, la première puissance démographique et économique du continent, fait peur à ses partenaires, particulièrement à François Mitterrand. Il évoque lors d'un Conseil des ministres en 1989 la réunification allemande comme « seule cause possible de la guerre en Europe ». En échange de son soutien tacite, le président français réclame un approfondissement de la Communauté européenne et une monnaie unique, concrétisés tous deux dans le traité de Maastricht en 1992. La réunification, « seule cause possible de l'abandon du deutschemark » ?

Idée salvatrice : la réunification engendre des tensions inflationnistes en Allemagne, auxquelles la Bundesbank va réagir excessivement, engendrant une récession en 1993. Le niveau du deutschemark, monnaie pivot du Système monétaire européen*, influence en effet l'ensemble des autres monnaies et banques centrales. Elles sont obligées de monter leurs taux d'intérêt, même sans avoir à lutter contre une inflation domestique, obérant la croissance économique.

La réunification allemande est ainsi le point de départ de l'unification monétaire du continent, voire d'une… réunification ? L'union monétaire de 794 sous le règne de Charlemagne introduit en effet le denier d'argent, qui sera une monnaie européenne pendant près de 400 ans. Il est échangeable partout sur le continent, y compris en dehors de l'Empire carolingien (composé des territoires des futurs pays que sont la France, l'Allemagne, la Belgique, les Pays-Bas, le Luxembourg, la Suisse, une partie de l'Autriche et l'Italie du Nord), par exemple au Portugal, en Grèce, et même en Finlande. Si « l'histoire se répète toujours deux fois », comme le disait Karl Marx, les ressemblances sont parfois saisissantes. Ainsi, l'union monétaire carolingienne est décidée lors d'un concile qui se tient dans la ville de… Francfort !

€

SÉCURITÉ

Les billets en euros sont parmi les plus fiables au monde, avec, en 2023, un taux de faux-monnayage de seize contrefaçons sur un million de billets authentiques, soit 0,0016 %. En outre, comme les contrefaçons n'imitent pas, ou très mal, les signes de sécurité, il est très facile de les détecter en utilisant la méthode TRI*.

Pour garantir la sécurité des billets, des centres d'analyse des contrefaçons ont été ouverts dans chaque pays de l'Union européenne et sont coordonnés par la BCE. Les fiches de poste de certains agents sont ainsi intitulées :

« faussaires professionnels » ! La volonté de rendre les billets toujours plus sûrs a aussi conduit à l'introduction de cinq signes supplémentaires pour la deuxième série de billets, en sus des huit présents pour les premiers billets émis.

En outre, pour faire face à la contrefaçon, un Groupe de dissuasion de la contrefaçon des banques centrales (*Central Bank Counterfeit Deterrence Group* – CBCDG), organisme international regroupant plus de trente banques centrales, a mis au point un système de dissuasion de la contrefaçon (*Counterfeit Deterrence System* – CDS), qui empêche la reproduction des images de billets.

La suppression du billet de 500 € participe aussi à cette logique de lutte contre la fraude, en l'espèce la fraude fiscale, mais aussi le blanchiment de capitaux, voire le financement du terrorisme (BC-FT). L'Union européenne est à la pointe de cette lutte, notamment avec la création de l'Agence de lutte contre le blanchiment de capitaux (ALBC, ou AMLA en anglais), qui sera située à Francfort à partir de 2025.

€

SEIGNEURIAGE

Le mot « seigneuriage » désignait, au Moyen Âge, les droits que possédaient les *seigneurs* féodaux de battre monnaie. À l'époque, les pièces sont réalisées en métaux* précieux : la différence entre le coût d'achat du métal brut, au poids, et la valeur faciale des pièces frappées par le seigneur dégageait un bénéfice. Aujourd'hui, si un seigneur achetait 10 g d'or au prix de 100 €, mais que ces 10 g servaient à frapper une pièce de valeur faciale égale à 150 €, alors les revenus issus du seigneuriage seraient de 50 €. En rognant sur la quantité d'or dans chaque pièce – dans cet exemple, la pièce de 150 € pourrait plus tard ne contenir que 9 g d'or pur –, on peut augmenter considérablement les revenus de seigneuriage – tant que les usagers gardent confiance ! Ce procédé sera notamment utilisé par Philippe le Bel à un niveau tellement important qu'il sera surnommé « roi faux-monnayeur ».

Au fil des siècles néanmoins, le droit de fabriquer de la monnaie a été réservé aux seuls monarques, puis aux États. Comme les banques centrales sont aujourd'hui chargées de l'émission des billets dans la zone euro, elles obtiennent des revenus de seigneuriage, même si le processus est un peu différent. En effet, si le prix de production d'un billet est plus faible que sa valeur faciale (quelques centimes pour un billet de 20 € par exemple), les banques commerciales sont tenues d'acheter le billet à la valeur affichée. Toutefois, les billets constituent dès lors une créance envers la banque centrale, qui doit l'inscrire à son passif, à leur valeur faciale ; les billets en eux-mêmes ne produisent donc aucun revenu.

En revanche, pour acquérir les billets, les banques commerciales doivent généralement emprunter de l'argent auprès de la banque centrale ou lui céder certains de leurs actifs. Dès lors, la banque reçoit des intérêts sur l'argent qu'elle prête ou perçoit un rendement sur les actifs qu'elle acquiert. Les revenus de seigneuriage sont donc égaux à la différence entre ces intérêts perçus par la banque centrale et les dépenses pour fabriquer, distribuer et entretenir les billets. De ce fait, la politique monétaire* accommodante de la BCE menée avant 2022, avec des taux d'intérêt nuls voire négatifs, a entraîné des revenus de seigneuriage nuls eux aussi.

€

SERPENT MONÉTAIRE EUROPÉEN

La crise monétaire de 1971, avec la décision unilatérale de l'arrêt de la convertibilité entre l'or et le dollar, entraîne, moins d'un an plus tard, la signature de l'accord de Bâle, qui prévoit la création du « Serpent monétaire européen », un ancêtre de la monnaie unique.

Au sein de ce système, les États (d'abord les six fondateurs de la CEE, rejoints ensuite par le Royaume-Uni, l'Irlande, le Danemark et la Norvège, qui doivent toutefois rapidement le quitter à cause de la spéculation) s'engagent à respecter un écart maximum par rapport aux cours d'origine de leurs devises de 2,25 % (soit 1,125 % à la hausse ou à la baisse), afin de limiter le risque de change entre leurs monnaies. Plus encore, ce Serpent évolue lui-même dans un « tunnel » face au dollar*, avec une marge de fluctuation de 4,5 %. Cela signifie, par exemple, que le franc français doit, individuellement, conserver sa parité par rapport aux autres devises du Serpent, et que dans le même temps, collectivement, elles doivent aussi maintenir leur cours face au dollar.

Fig. 2. - **Le fonctionnement du Serpent monétaire européen**

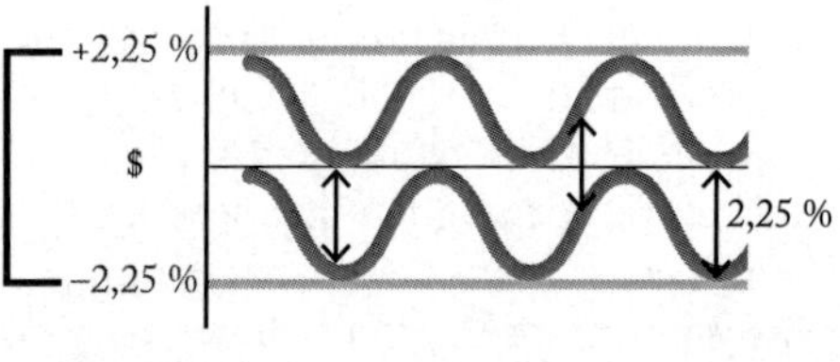

(Source : Banque de France)

Un dispositif, le Fonds européen de coopération monétaire (FECOM), est chargé d'assurer la concertation nécessaire au bon fonctionnement du Serpent, avec par exemple une mutualisation des interventions des banques centrales en matière de politique de change. L'objectif est de parvenir à une réduction progressive des marges de fluctuation à l'intérieur du Serpent.

En 1976, le flottement généralisé des devises est entériné par les accords de la Jamaïque ; le « tunnel » disparaît, mais le Serpent demeure. Heureusement : à ce moment, seuls le deutschemark* et le florin hollandais avaient réussi à maintenir le taux de change théorique. Il ne survivra pas longtemps : lors de l'année 1978, presque toutes les monnaies doivent sortir du Serpent les unes après les autres.

Le Serpent est remplacé en 1979 par le Système monétaire européen*. Le FECOM continue sa mission avant d'être remplacé en 1994 par l'Institut monétaire européen*.

€

SIGNATURE

Chaque billet en euro porte la signature du président* ou de la présidente de la BCE. Il y a donc quatre signatures possibles : celle de Willem Duisenberg*, de Jean-Claude Trichet, de Mario Draghi* ou de Christine Lagarde*. Pourquoi est-elle présente ? Historiquement, les billets étaient aussi des reconnaissances de dette, dues à une certaine échéance. Ainsi, on pouvait signer un billet à son tailleur, en promettant de le payer plus tard. Celui-ci acceptait le billet en fonction de la qualité de la signature, c'est-à-dire la réputation du signataire et de sa fortune.

Pour l'activité d'escompte (une opération de crédit à court terme qui consiste pour une banque à acheter, avant son échéance, un effet de commerce – une reconnaissance de dette – au porteur de celui-ci), le nombre de signatures est aussi important, puisque celles-ci partagent le risque : trois signataires s'engagent ainsi à rembourser un tiers de la dette, et à venir rembourser le reliquat en cas de faillite d'un ou des deux autres signataires.

Aujourd'hui, la signature du banquier central garantit la valeur monétaire du billet émis par son institution. Heureusement, Christine Lagarde n'est pas obligée de réellement signer tous les billets : avec 3,5 milliards de coupures neuves émises en 2024, il faudrait qu'elle en traite cent par seconde sans s'arrêter pendant toute l'année !

€

SOLIDARITÉ

La solidarité est l'un des concepts fondamentaux à l'origine de la construction européenne, d'abord avec une mise en commun des ressources utiles à la reconstruction (le charbon et l'acier) pour la création de la CECA en 1949.

Dans les traités, on retrouve encore largement cette notion : elle est ainsi une des « valeurs » de l'article 2 du traité sur l'Union européenne (TUE), et un « objectif » de l'article 3 du même traité. « L'esprit de solidarité » mentionné à l'article 122 du TFUE permet aussi de venir en aide à des États en cas de graves difficultés. Ainsi, la solidarité pourrait être, selon un avocat général de la CJUE en 2021, « appelée à inspirer les décisions politiques et économiques de l'Union, avec une intensité croissante ».

En pratique, cela semble déjà se concrétiser. L'assistance financière mise en place pour les États ayant des difficultés budgétaires, par exemple avec les plans d'aide pour la Grèce* ou encore les premiers emprunts réalisés en commun du plan de relance européen à la suite de la crise de la Covid, démontre une certaine forme de solidarité entre les États membres.

Le mécanisme européen de stabilité (MES) est sans doute plus parlant encore. Entré en vigueur en 2012, il regroupe les États de la zone euro et fusionne le Fonds européen de stabilité financière (FESEF) et le Mécanisme européen de stabilité financière (MESF). Le MES vise à fournir une aide financière aux États membres qui connaissent des problèmes de financement, afin de maintenir la stabilité financière de la zone euro. Il a son siège à Luxembourg et est parfois surnommé le « FMI européen ». Il regroupe les ministres des Finances des États membres, et est présidé par le président de l'Eurogroupe*. Il est doté de 700 Mds € au total, alimenté par les États membres en fonction de leur richesse, soit 20,5 % pour la France.

Le MES agit dans le cadre d'un soutien ponctuel : en cas de forte hausse des taux d'intérêt sur les marchés, le MES peut prêter à un taux plus faible à l'État en difficulté, ou acheter les obligations émises par l'État en question, soit directement (marché primaire) soit indirectement (un rachat sur le marché secondaire). Il peut aussi octroyer une assistance financière directe.

€
SOUVERAINETÉ

La monnaie a toujours été vue comme une des marques de la souveraineté : « Il n'y a que celui qui a puissance de faire la loi, qui puisse donner loi aux monnaies », écrivait Jean Bodin. C'est d'ailleurs pour cette raison que les portraits des souverains ont longtemps figuré sur les pièces de monnaie, tradition qui perdure en partie aujourd'hui avec l'imposition de la signature* du président ou de la présidente de la BCE sur les billets.

Évidemment, des symboles nationaux ne fonctionneraient pas pour l'euro, parfois décrite comme une « monnaie sans État », ou au contraire comme l'amorce d'une souveraineté européenne ?

L'euro est en effet un instrument de souveraineté remplacée : en agrandissant la taille de notre marché, il rend la monnaie moins sensible aux chocs extérieurs. À titre d'exemple, une hausse de 1 % du dollar face à l'euro ne se solde que par une augmentation de 0,1 % de l'indice des prix. En outre, pour tous les États – à l'exception de l'Allemagne – la politique monétaire pré-monnaie unique, si elle était formellement indépendante, devait malgré tout s'aligner fortement sur celle qui était mise en place par la Bundesbank. Avec le passage à l'euro, les banques centrales nationales ont ainsi perdu en souveraineté formelle ce qu'elles ont gagné en pouvoir d'influence réel, grâce à un système de droits de vote dans lequel aucun État n'a de primauté (→ Gouverneurs).

En outre, aucun État européen n'a à lui seul assez de poids économique pour faire face aux chocs extérieurs, comme le souligne la Commission européenne dans un rapport de 2023 sur la sécurité économique ; ici comme ailleurs « L'union fait la force ».

Pour renforcer encore la souveraineté européenne, plusieurs pistes sont à l'étude : institution d'un budget pour la zone euro, création d'une Union des marchés de capitaux* ou encore achèvement de l'Union bancaire*.

€

STABILITÉ

On entend parfois dire que le banquier central est par définition « conservateur », avec une connotation péjorative. En réalité, il faudrait sûrement parler du banquier central « stabilisateur ». En effet, la mission première de la banque centrale est de contribuer à la stabilité des prix, mais aussi à la stabilité financière en prévenant les crises et la formation de bulles.

La stabilité facilite la croissance, les affaires, mais aussi l'investissement, qui détermine la croissance de long terme. C'est la raison pour laquelle la stabilité, pour la zone euro, est aussi celle des comptes publics – et de l'endettement.

Ainsi, dès 1997, le Pacte de stabilité et de croissance (PSC), un instrument de surveillance des dettes et des déficits, est mis en place. Il reprend ainsi les critères de Maastricht* sur la dette et le déficit, et comporte deux piliers. D'abord, un volet « préventif » avec des objectifs budgétaires proches de l'équilibre entre recettes et dépenses, et une « supervision » par la Commission européenne, particulièrement depuis la création du Semestre européen en 2011, renforcé par le *Two-pack* en 2013 ;

ensuite un volet « correctif » avec la procédure de déficit excessif, qui doit obliger les États trop endettés à réduire leur excédent de dette de 1/20 par an. En cas de manquement, des amendes – rares en pratique – peuvent être prononcées.

Le PSC avait été suspendu 3 ans à la suite de la crise de la Covid. Une réforme du Pacte est entrée en vigueur fin avril 2024, et instaure des sanctions moins lourdes en cas de non-respect, passant de 0,5 à 0,05 % du PIB ; elles sont en revanche plus faciles à appliquer.

€

SYSTÈME MONÉTAIRE EUROPÉEN

Le Système monétaire européen succède directement au Serpent monétaire*, après l'échec de ce dernier, en 1979. Il avait, là encore, pour objectif de resserrer la coordination des politiques monétaires entre les États européens, pour aboutir à une zone de stabilité monétaire.

Il repose sur trois piliers :

1) L'introduction d'une unité de compte (*European currency unit* – ECU*) qui reprend la moyenne pondérée de la valeur des devises qui le composent ; ainsi, aucune devise n'a de statut privilégié.
2) Un mécanisme de change* fixe, qui reprend le principe de réduction des marges de fluctuation du Serpent : chaque monnaie participante doit toujours rester fixe par rapport à chacune des autres, mais, pour cela, les États doivent veiller à la stabilité de leur monnaie par rapport à l'ECU. Les cours pivots sont ponctuellement ajustables en fonction des dévaluations et réévaluations. En cas de crise – en 1992 par exemple – les marges peuvent être augmentées jusqu'à 15 %.

3) La mise en place d'un système de crédits mutuels, avec des concours financiers pour les États dont la balance des paiements est déficitaire. Concrètement, chaque banque centrale est titulaire d'un compte auprès du Fonds européen de coopération monétaire (FECOM), dont le solde varie en fonction des sommes empruntées et remboursées. La banque centrale en position débitrice (moins d'ECUS sur le compte que lors de l'allocation initiale) doit alors payer un intérêt à la banque centrale en position créditrice.

Le SME a permis de maintenir une valeur extérieure stable des devises européennes, et une véritable convergence entre les taux d'inflation, tout en raréfiant les crises de changes. Signe de son succès, en 1990, le Royaume-Uni et l'Espagne le rejoignent, tout comme le Portugal en 1992. En 1992, après le traité de Maastricht*, le SME sera remplacé par le mécanisme de change européen (MCE I).

€

TARGET

TARGET est le système de paiement de l'Eurosystème, pour le traitement brut en temps réel des paiements de montant important. Il est utilisé par 956 établissements bancaires et 24 banques centrales. Il s'agit en fait d'un acronyme anglais : Trans-european automated real-time gross settlement express transfer system.

TARGET 1 a été mis en place dès 1999 avec l'introduction de l'euro, à la fois pour servir de canal de transmission de la politique monétaire*, mais aussi pour renforcer la sécurité et la rapidité des règlements de forts montants entre acteurs financiers.

En 2008, TARGET 2 remplace le système précédent et est développé par quatre banques centrales (les « 4 CB ») que sont la Banque de France*, la Bundesbank, la Banca d'Italia et la Banco de España. Les montants moyens échangés y sont de 6,4 millions d'euros par opération, pour un total de 2 200 Mds € échangés par jour – près de 16 % du PIB de l'UE !

Ce système de règlement brut en temps réel (RTGS) a été fusionné en 2023 sur une plateforme unique de services TARGET. Elle comporte d'autres « briques », comme TARGET2-Titres (T2S), créé en 2017, pour le règlement-livraison de titres en monnaie de banque centrale ; TIPS, le service relatif aux paiements instantanés, qui garantit depuis 2018 un règlement des paiements 24/7 en moins de dix secondes dans toute l'Europe, y compris avec d'autres devises, par exemple la couronne suédoise ; ECMS enfin, un outil commun de gestion du collatéral, devrait compléter les services TARGET fin 2024 en lieu et place des 19 applications domestiques actuellement utilisées.

Au vu des enjeux, il est important que TARGET ne rate jamais sa cible !

€

TAUX DIRECTEURS

L'Eurosystème* utilise trois taux directeurs distincts, qui sont son outil principal pour contrôler l'inflation* :

– Le taux des opérations principales de refinancement (aussi appelé « taux de refi ») : chaque semaine, les banques commerciales peuvent emprunter de l'argent à un taux connu à l'avance, contre remise d'actifs (ce qu'on appelle le « collatéral »).
– Le taux de la facilité de prêt marginal : le taux pour un emprunt d'une durée de 24 h, à un taux supérieur au taux de refi, utilisé en cas de besoin urgent de liquidités pour une banque.

– Le taux de la facilité de dépôt s'applique, au contraire, les banques ont trop de liquidités : dans ce cas, le taux est la rémunération de l'excédent de liquidités déposé à la banque centrale. Il est inférieur au taux de refinancement.

Ces trois taux forment le corridor des taux d'intérêt et guident en situation normale les taux interbancaires. Pendant longtemps, le principal taux directeur, celui qui était le plus proche des taux interbancaires, était le taux de refinancement. En 2024, la BCE* a changé de cadre opérationnel en adoptant une stratégie de « floor » (« plancher » en français), et non plus de « corridor » : c'est à présent davantage le taux de facilité des dépôts qui tend à guider la politique monétaire (et donc la maîtrise des prix), compte tenu de l'abondance de liquidités après la période d'assouplissement quantitatif*.

Les taux directeurs de l'Eurosystème ont connu six grandes périodes depuis 1999 :

1) De 1999 à 2000, les taux directeurs augmentent afin de maîtriser l'inflation, alors supérieure à 2 %, en période de forte croissance économique.
2) De 2001 à 2005, les taux baissent, alors que la croissance diminue, puis se stabilisent à un niveau relativement bas.
3) De 2005 à fin 2009, la BCE augmente ses taux directeurs, pour accompagner le rebond de croissance qui se solde par une inflation légèrement au-dessus de la cible.
4) De 2009 à 2015, les taux baissent fortement, pour lutter contre les crises, notamment la crise des dettes souveraines.
5) À partir de 2015, et jusqu'à 2022, la déflation menace la zone euro, et les taux sont abaissés au niveau « plancher », à proximité de la « borne du taux zéro ».

6) À partir de mi-2022, face au retour de l'inflation, les taux directeurs augmentent rapidement pour limiter la hausse des prix.

Fig. 3. – **Les taux directeurs de l'Eurosystème**

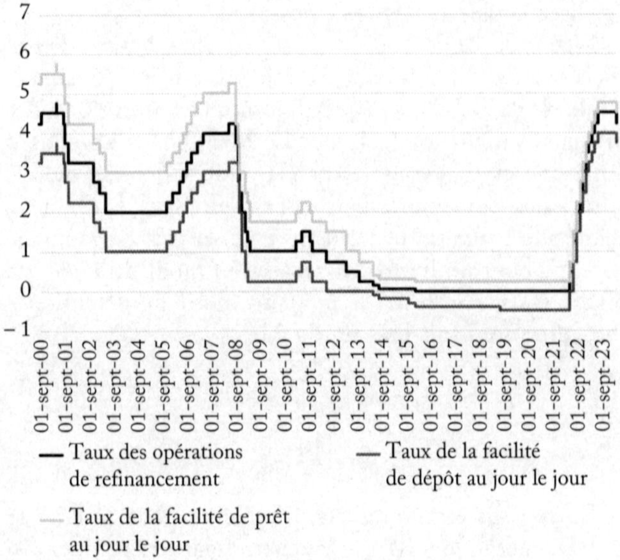

(Source : BCE, graphique de l'auteur)

€

THÉSAURISATION

Le *thesaurus* désigne à l'origine la chambre du trésor, ou, par métonymie, le trésor lui-même.

En termes économiques, la thésaurisation désigne le fait de vouloir conserver des liquidités en dehors du circuit économique, autrement dit une accumulation de monnaie, sans qu'elle ne participe à l'activité économique.

La thésaurisation peut donc devenir un problème : en limitant l'investissement et la consommation, elle bride la croissance économique. Elle peut même devenir absolue dans le cas de la « trappe à liquidités » keynésienne. La thésaurisation démontre toutefois une certaine confiance* dans la monnaie, en cherchant à la conserver plutôt qu'à l'utiliser le plus rapidement possible.

L'euro, de ce point de vue, est presque « victime de son succès », et est une monnaie de thésaurisation. Ainsi, une étude de la BCE* de 2021 pointe qu'environ 40 % des billets en circulation (soit à peu près 600 Mds €) seraient ainsi conservés « sous le matelas » ou « dans le bas de laine » des Européens, mais aussi à l'étranger. En France, selon une étude un peu plus récente, la part de monnaie détenue pour un motif de transaction serait de 15 % des billets émis, contre 25 % pour un motif de détention / thésaurisation, soit près du double.

€
TRI

Entre vrais et faux billets, il est important de faire le tri ! La méthode TRI – « toucher, regarder, incliner » – est un moyen mnémotechnique efficace pour s'assurer de l'authenticité d'un billet. La sophistication des signes de sécurité augmente avec la valeur du billet, et peut être vérifiée sans matériel grâce aux points de contrôle suivants :

1) Toucher : le papier a une texture ferme – grâce à son matériau unique qu'est le coton* – et un craquant particulier. En outre, l'impression en relief permet, au recto, de « ressentir » les lettres et les chiffres indiquant la valeur du billet avec le bout du doigt.
2) Regarder : par transparence, le filigrane portrait – sur la gauche – laisse apparaître le visage d'Europe avec la valeur du billet et l'arche du motif architectural.

Le fil de sécurité* traverse la valeur de la coupure sous la forme d'une ligne sombre, et contient l'epsilon* symbole de l'euro (€) ainsi que la valeur du billet. Enfin, la fenêtre portrait – côté droit – fait apparaître un portrait d'Europe* dans l'hologramme de sécurité, sur les deux faces du billet (sauf billets de 5 et 10 €).

3) Incliner : l'hologramme portrait – la bande de droite pour les billets de 5 et 10 € – laisse découvrir un portrait d'Europe, et reproduit aussi l'arche du motif principal ainsi que la valeur du billet. Tout en haut de cette bande argentée, pour les billets de 100 et 200 €, un hologramme satellite dévoile des symboles de l'euro « gravitant » autour de la valeur du billet. La fenêtre portrait, quant à elle, se teinte au recto de lignes aux couleurs de l'arc-en-ciel, entourant le chiffre de la valeur du billet ; au verso la valeur du billet apparaît plusieurs fois dans la fenêtre (sauf pour les billets de 5 et 10 €). De l'autre côté, en bas à gauche au recto, le nombre change de couleur, passant du vert émeraude au bleu.

D'autres signes de sécurité sont présents sur les billets, mais nécessitent un matériel spécifique. Ainsi, certaines parties du billet comportent des microlettres (« euro » dans les différents alphabets utilisés dans la zone monétaire [→ Langue(s)]), par exemple dans les étoiles* ou dans les ponts figurant au verso des billets. Grâce à une lampe à UV, on peut détecter les étoiles et de petits points qui apparaissent en jaune, des cercles et quarts de cercle verts, alors qu'une bande verticale et le numéro de série, au verso, apparaissent en rouge. Sous infrarouge, enfin, le nombre émeraude, une partie de l'arche et la bande argentée sont visibles au recto, tout comme le chiffre de la valeur du billet et le numéro de série au verso.

L'ensemble de ces signes rend les coupures en euros extrêmement fiables et très peu contrefaites. D'autres signes de sécurité sont conservés secrets, pour éviter la contrefaçon – on n'est jamais trop prudents !

€

UNION BANCAIRE

L'Union bancaire est née de la crise* financière de 2008 et de la crise de la zone euro qui l'a suivie – on parle d'ailleurs parfois de « crises jumelles ». Elle vise à ce que l'activité bancaire en Europe devienne plus transparente (avec des normes communes), plus unifiée (avec un traitement équivalent entre activités nationales et internationales), et plus sûre (prévenir la défaillance des banques et assurer leur résolution efficacement). Mise en place en 2014, elle repose aujourd'hui sur deux piliers.

Le mécanisme de surveillance unique (MSU) est le système de supervision bancaire européen, qui regroupe la BCE et les autorités nationales de supervision. Son but est d'assurer la solidité du système bancaire – notamment en ce qui concerne le risque dit « systémique » et les établissements *too big to fail* –, de renforcer l'intégration et la stabilité financière, et de rendre plus cohérente la supervision bancaire. Les banques dépendant du MSU sont définies en fonction de plusieurs critères : la taille (bilan supérieur à 30 Mds €), l'importance économique (les trois banques principales de chaque pays notamment), les activités transfrontières (plus de 20 % de l'activité hors de son pays d'origine), ou encore si l'établissement a bénéficié d'une assistance publique directe dans les dernières années. Le MSU supervise aujourd'hui 112 banques qui représentent 82 % du bilan des banques de la zone euro.

Le mécanisme de résolution unique (MRU) vise à gérer du mieux possible la faillite d'un établissement, en limitant au maximum le coût pour les États, et donc pour le contribuable. Les défaillances bancaires entre 2008 et 2011 auraient ainsi coûté 1 600 Mds €. Le MRU s'applique aux mêmes établissements que le MSU. Il est piloté par le Conseil de résolution unique, qui a pour missions de contrôler l'exécution des mesures de résolution mises en place au niveau national, et de gérer le Fonds de résolution unique, qui apporte un soutien financier aux établissements en difficulté. Celui-ci est alimenté par les contributions des banques elles-mêmes, et doté de 55 Mds €, soit 1 % de l'ensemble des dépôts bancaires de la zone.

Le troisième pilier, le système européen de garantie des dépôts*, n'a pas encore été mis en place, même si une harmonisation des normes a conduit à un socle minimum de garantie des dépôts au niveau national. À sa création, l'Union bancaire sera alors considérée comme achevée. Les discussions, au point mort depuis 2015, ont récemment repris en avril 2024 avec l'adoption d'un rapport par la Commission des affaires économiques du Parlement européen.

€

UNION DES MARCHÉS DE CAPITAUX

L'Union des marchés de capitaux (UMC) vise à mieux faire circuler l'épargne et les investissements entre tous les États membres. Elle peut aussi porter d'autres noms, comme « l'Union pour le financement de la transition » ou « l'Union pour l'épargne et l'investissement », comme l'appelle Enrico Letta dans son dernier rapport « Beaucoup plus qu'un marché ».

L'UMC permettrait de parvenir à une zone monétaire optimale*, en limitant les chocs asymétriques. Elle permettrait aussi de financer à la fois les transitions écologique et numérique, qui nécessiteront, en Europe, respectivement 620 et 125 Mds € par an d'ici 2030. En ajoutant les besoins en matière de Défense, le rapport remis par Christian Noyer estime, lui, les besoins à 1 000 Mds € sur la période. L'épargne européenne, qui avoisine

33 000 Mds €, pourrait en couvrir une partie ; mais, sur ce montant, seuls les deux tiers profitent à des entreprises européennes, le troisième allant financer à l'étranger.

Le sous-développement des marchés de capitaux en Europe s'explique d'abord par un nombre d'investisseurs plus faible, et une fragmentation structurelle. Pour rendre l'UMC opérante, les propositions sont nombreuses : créer un produit d'épargne européen, mettre en place une fiscalité attrayante pour la détention de long terme, relancer le marché de la titrisation – notamment la titrisation « verte » avec un label pour les fonds réutilisés pour des activités durables –, renforcer la supervision, notamment en harmonisant les normes sur les produits financiers ou le droit des faillites, ou encore créer une bourse européenne pour les startups.

€

UNION LATINE

Un euro avant l'euro ? C'est un peu le principe de l'Union latine. Fondée en 1865, cette union monétaire repose sur un régime de bimétallisme or-argent, en se basant sur les pièces « Napoléon 20 F » françaises et le franc germinal instauré en 1803. Concrètement, un gramme d'or vaut 15,5 grammes d'argent et un franc pèse 4,5 grammes d'argent pur ; autrement dit, une pièce de 5 grammes d'argent à 900/1000ᵉ équivaut à 0,29 gramme d'or pur (→ Métal).

L'Union vise avant tout à une uniformisation monétaire, propice aux échanges et à la croissance : ainsi, si les devises restent nationales – on paie toujours en francs en France, en lires en Italie ou en pesetas en Espagne –, leurs poids et unités de compte sont harmonisés. Une pièce de 20 drachmes grecque pèse 6,45 g d'or pur à 900/1000ᵉ, tout comme la pièce de 20 francs belge ou celle de 20 dinars serbe. Cette harmonisation facilite énormément le commerce entre les pays signataires, la monnaie de l'un étant acceptée de l'autre côté de la frontière – un peu comme la boulangerie acceptant une pièce de 2 € frappée de l'aigle allemand aujourd'hui.

Initialement créée par quatre pays (France, Italie, Suisse, Belgique), l'Union s'élargit jusqu'à atteindre 32 membres, en Europe (Grèce, Autriche-Hongrie, Espagne, Russie, Suède, Roumanie…) voire sur d'autres continents (Argentine, Chili, Venezuela, Érythrée, Tunisie ou Comores). Pendant un temps, l'adhésion des États-Unis est sérieusement envisagée.

La découverte de gisements d'argent et la spéculation mettent toutefois rapidement à mal le système bimétallique, en faisant chuter les cours de ce métal par rapport à l'or.

La guerre de 1914, les réflexes de thésaurisation* par crainte de l'avenir, couplés avec l'apparition du cours forcé des billets (→ Cours légal) – la non-obligation pour les banques de convertir la monnaie-papier en métal précieux – ont raison de l'Union latine, les divergences de parités de change entre les devises devenant irréconciliables. Elle sera formellement dissoute en 1927, soit plus de 50 ans après sa création. Il reste encore un peu de chemin à l'euro pour dépasser son nombre de membres ainsi que sa longévité.

€

UNIQUE

Unique, l'euro l'est à plusieurs titres.

Aucune union monétaire n'a été aussi intégrée et aussi « irréversible » que celle-ci. Aucune possibilité de quitter l'union monétaire n'a d'ailleurs été prévue par les traités.

L'obligation pour tous les pays de l'Union européenne – à l'exception du Danemark, qui bénéficie de son *opt-out*, et historiquement du Royaume-Uni – de rejoindre la zone euro, à terme, est un cas très singulier de « renonciation par anticipation » à son pouvoir monétaire lorsqu'est fait le choix de rejoindre l'Union européenne.

Unique, aussi, car elle est aujourd'hui la monnaie partagée par vingt pays, qui utilisaient auparavant chacun leur propre monnaie, presque « dans leur coin » – ce qui n'était pas pratique pour frapper la monnaie (→ Art) – et sans trop de synchronisation, du moins officiellement.

Unique, encore, par son fonctionnement : il s'agit de la seule monnaie gérée par une structure fédérale – la BCE* –, mais avec un fonctionnement décentralisé – les BCN mettant en œuvre la politique commune décidée par tous.

Unique en son genre, l'euro ? Sans aucun doute !

€
VINGT

Reçu vingt sur vingt ? La zone euro compte, depuis l'adhésion de la Croatie le 1er janvier 2023, vingt pays membres. Leur nombre a progressivement augmenté depuis les onze fondateurs de 1999 (Allemagne, Autriche, Belgique, Espagne, Finlande, France, Irlande, Italie, Luxembourg, Pays-Bas, Portugal), très vite rejoints par la Grèce, en 2001, un an avant l'arrivée des pièces* et billets* dans les mains des citoyens*.

Les arrivées se sont ensuite faites au compte-gouttes : la Slovénie en 2007, Chypre et Malte en 2008, la Slovaquie en 2009, l'Estonie en 2011, la Lettonie en 2014, la Lituanie en 2015, et enfin la Croatie.

Ce chiffre rond ne devrait toutefois pas durer, puisqu'il est prévu que la Bulgarie rejoigne l'euro en 2025 ou 2026 – en dépit d'une instabilité politique assez forte. En tout état de cause, ce pays étant actuellement le seul présent dans le mécanisme de taux de change européen

(MCE II*), avec le Danemark, il sera sans aucun doute le prochain membre de la zone euro.

La Roumanie, quant à elle, n'a pas encore rejoint le MCE II, et ne respecte pas les critères de convergence (→ Maastricht), mais vise à rejoindre la monnaie unique d'ici 2029 au mieux.

Enfin, les autres États de l'UE que sont la Pologne, la Hongrie, la République tchèque et la Suède ont normalement une obligation à rejoindre la zone euro lorsqu'ils respecteront les critères de convergence, comme prévu par leurs traités d'adhésion. En pratique, l'euroscepticisme de certains États rend une entrée dans l'euro assez hypothétique, quand il ne s'agit pas simplement d'un attachement fort à la monnaie nationale, par exemple en Suède où l'entrée dans l'euro a été refusée par référendum en 2003. Le Danemark bénéficie, lui, d'une clause d'*opting-out* lui permettant de conserver la couronne danoise.

€

ZONE MONÉTAIRE OPTIMALE

Théorisée par l'économiste canadien Robert Mundell dans les années 1960, la zone monétaire optimale (ZMO) désigne la situation dans laquelle un groupe de pays a intérêt à instaurer, entre eux, une monnaie unique.

La ZMO se caractérise selon trois critères : les pays sont d'abord similaires, ce qui limite les chocs asymétriques, avec en outre une capacité budgétaire coordonnée ; les facteurs de production – notamment le capital humain, c'est-à-dire les travailleurs – sont mobiles entre les participants ; le commerce entre les pays est très développé.

Lorsque ces critères sont remplis, avoir une seule monnaie* présente plusieurs avantages : un comparatif facilité des prix, favorisant les échanges et les investissements, une absence de fluctuation du taux de change* et une suppression des coûts de transaction. En revanche, l'inconvénient majeur est une perte d'autonomie de la politique monétaire*, parfois nécessaire en cas de choc asymétrique.

La zone euro peut être considérée comme une zone monétaire optimale, mais encore imparfaite. En effet, le commerce entre pays européens est très élevé, avec des échanges qui sont bien plus prononcés entre pays du continent qu'avec l'extérieur. De même, les pays du cœur de l'Europe (les six membres fondateurs) ont des économies relativement similaires (→ Convergence), et les chocs subis sont le plus souvent symétriques. En revanche, cela n'est pas le cas pour d'autres membres de la zone : les pays baltes étaient par exemple négativement corrélés au reste de la zone euro avant leur adhésion. Pareillement, il n'y a pas de budget commun à la zone euro. Enfin, si le capital est plutôt mobile au sein de la zone, le facteur travail, lui, ne l'est que faiblement, du fait par exemple de barrières linguistiques.

Il reste encore un peu de chemin à faire pour que la zone euro devienne un véritable « Euroland ». C'est notamment dans cette optique qu'avait été signé en 2011 le Pacte Europlus (ou Pacte pour l'euro plus), qui visait à renforcer la convergence économique entre les dix-sept États alors membres de la zone et six autres États de l'UE.

Composition et mise en pages
Nord Compo à Villeneuve-d'Ascq

Imprimé en France
par la Nouvelle Imprimerie Laballery
rue Louis Blériot 58500 Clamecy
août 2024 - N° 407481

La Nouvelle Imprimerie Laballery est titulaire de la marque Imprim'Vert®

REMERCIEMENTS

L'auteur tient à remercier l'ensemble des services de la Banque de France pour leur contribution et leur relecture précieuses, qui ont grandement permis d'enrichir cet ouvrage. Il exprime une pensée plus particulière pour Aurélie Sougnac, Olivier Aubry, Fabrice Hermel et Claude Piot pour leur soutien tout au long de ce projet.